Bibliografische Information der Deutschen Nationalbibliothek:

Die Deutsche Bibliothek verzeichnet diese Publikation in der Deutschen National-bibliografie; detaillierte bibliografische Daten sind im Internet über http://dnb.d-nb.de/ abrufbar.

Coverbilder: depositphotos.com/stock-photos/ und bmi.gv.at

Impressum:

Copyright © 2020 GRIN Verlag
Druck und Bindung: Books on Demand GmbH, Norderstedt Germany
ISBN: 9783346229854

Dieses Buch bei GRIN:

https://www.grin.com/document/899708

Oscar Wojslaw-Esperi

Die Auswirkungen einer strafrechtlichen Bescholtenheit auf ein Aufenthaltsrecht in Österreich

GRIN Verlag

Inhaltsverzeichnis

Abs	Absatz
AEUV	Vertrag über die Arbeitsweise der Europäischen Union
AMS	Arbeitsmarktservice
Art	Artikel
ASVG	Allgemeines Sozialversicherungsgesetz
AsylG	Asylgesetz
AuslBG	Ausländerbeschäftigungsgesetz
AVG	Allgemeines Verwaltungsverfahrensgesetz
BFA	Bundesamt für Fremdenwesen und Asyl
BFA-VG	Bundesamt für Fremdenwesen und Asyl – Verfahrensgesetz
BG	Bundesgebiet
B-VG	Bundesverfassungsgesetz
bzw	beziehungsweise
EG	Europäische Gemeinschaft
EGMR	Europäischer Gerichtshof für Menschenrechte
EMRK	Europäische Menschenrechtskonvention
EO	Exekutionsordnung
EU	Europäische Union
EuGH	Europäischer Gerichtshof

EUR	Euro
EWR	Europäischer Wirtschaftsraum
FPG	Fremdenpolizeigesetz
FSG	Führerscheingesetz
GewO	Gewerbeordnung
IntG	Integrationsgesetz
iVm	in Verbindung mit
km/h	Kilometer pro Stunde
NAG	Niederlassungs- und Aufenthaltsgesetz
NB	Niederlassungsbewilligung
OGH	Oberster Gerichtshof
RL	Richtlinie
SPG	Sicherheitspolizeigesetz
StGB	Strafgesetzbuch
STVO	Straßenverkehrsordnung
VfGH	Verfassungsgerichtshof
VO	Verordnung
VwGH	Verwaltungsgerichthof
VwGVG	Verwaltungsgerichtsverfahrensgesetz

Generalklausel

Aus Gründen der Lesbarkeit wurde in der gegenwärtigen Masterthesis auf die geschlechterspezifischen Formulierungen verzichtet. Umfasst sind jedoch weibliche sowie männliche Personen gleichermaßen.

1 Einleitung

Das österreichische Fremdenrecht ist aufgrund seiner zahlreichen Novellierungen einer der komplexersten Materien des öffentlichen Rechts. Der Gesetzgeber hat hier eine besondere Herausforderung, weil er nicht nur verfassungsrechtliche Bestimmungen bei der Erlassung neuer einfachgesetzlicher Bestimmungen berücksichtigen muss, sondern auch Unionsrecht und völkerrechtliche Vereinbarungen wie die Europäische Menschenrechtkonvention, welche selbst im Verfassungsrang ratifiziert ist. Das Fremdenrecht umfasst insbesondere das Niederlassungs- und Aufenthaltsgesetz, das Asylgesetz sowie das Fremdenpolizeigesetz.

Der Gesetzgeber regelt mit seinen unterschiedlichen Materiengesetzen unterschiedliche Zuständigkeiten samt den Vollzug. So übernimmt das Niederlassungs- und Aufenthaltsgesetz die Aufgabe, für Fremde konstitutive Aufenthaltstitel zu erteilen sowie den EU- sowie EWR-Bürgern (umfasst auch Schweizer Staatsangehörige) deklaratorische Bestätigungen auszustellen. Das NAG regelt weiters, die Ungültigkeit und Gegenstandslosigkeit von Aufenthaltstiteln sowie Dokumentationen des Unionsrechtlichen Aufenthaltes. Die Materie sieht ebenfalls bestimmte Anlassfälle vor, welche ein unbefristetes Aufenthaltsrecht entkleiden sollen. Während des gesamten Aufenthaltes eines Fremden kommt das Fremdenpolizeigesetz zur Anwendung. Diese Materie regelt, bei Kenntnisnahme einer etwaigen Erfüllung eines objektiven Tatbestandsmerkmales, welches in der Materie näher geregelt ist, die Erlassung einer aufenthaltsbeendenden Maßnahme. Diese fremdenpolizeiliche Maßnahme, kann eine Rückkehrentscheidung, oder ein Aufenthaltsverbot sein. Das Gesetz sieht hier noch andere Terminologien vor, auf welche später in der Arbeit eingegangen wird. Eine fremdenpolizeiliche Maßnahme vernichtet in jedem Fall ex nunc ein Aufenthaltsrecht. Der Vollständigkeit halber wird noch das Asylgesetz angesprochen, welches nach umfangreichen Novellen selbst konstitutive Aufenthaltstitel erhalten hat. Diese Titel werden dann erteilt, wenn der Fremde im Bundesgebiet langjährig und/oder eine gute Integration vorweisen kann. Sollte dies aus dem Antragsvorbringen nicht ersichtlich sein, so hat die zuständige Behörde die Ablehnung mit einer fremdenpolizeilichen Maßnahme zu verbinden. Darin unterscheidet sich das AsylG-Regime von dem NAG-Regime, da nach einer Ablehnung eines Aufenthaltstitels nach dem NAG keine automatische Maßnahme verbunden ist.

Die strafrechtliche Bescholtenheit hat bei Fremden bei der erstmaligen Antragstellung sowie während des Aufenthaltes eine unterschiedliche Relevanz. Die Niederlassungsbehörde wird oft erst bei der Antragstellung auf diesen Umstand aufmerksam. Einige der Aufenthaltstitel sehen im Anlassfall verschiedene Vorgehensweisen vor. Wird somit ein Aufenthaltstitel erstmals bei der Niederlassungsbehörde beantragt und besteht eine strafrechtliche Verurteilung aus dem Ausland so ist unabhängig von der vorangegangenen Äquivalenzprüfung des österreichischen Strafrechts eine Prognoseentscheidung vorzunehmen. In dieser soll entnehmbar sein, ob der künftige Aufenthalt des Fremden zu einer etwaigen Gefährdung der öffentlichen Sicherheit und Ordnung führt. Bejahendenfalls ist der Aufenthaltstitel für den Fremden zu versagen. Ganz anders ist dies jedoch bei Verlängerungsverfahren. Hier hat die Niederlassungsbehörde lediglich eine Anregungskompetenz, um den Aufenthalt des Fremden zu beenden. Näheres hierzu folgt in den jeweiligen Kapiteln der Thesis.

Die Arbeit soll konkret darlegen welchen Unterschied die Qualität des Aufenthaltsrechtes hat. Auch soll dargelegt werden, welches Gewicht einer Verurteilung beizumessen ist. Besonders auf die unterschiedlichen Verfahrensbestimmungen ist Rücksicht zu nehmen. Der Leser soll damit Klarheit bekommen wie ein konkreter strafrechtlicher Sachverhalt auf ein allfällig zu erteilendes oder bestehendes Aufenthaltsrecht zu würdigen ist und welche Verfahren dadurch ausgelöst werden.

2   Methodik

Während meiner Tätigkeit beim Magistrat der Stadt Wien, in der Magistratsabteilung 35-Einwanderung und Staatsbürgerschaft habe ich mir im Fremdenrecht ein umfassendes Wissen angeeignet. Diese Erkenntnisse und Erfahrungen sind in dieser Arbeit maßgeblich eingeflossen.

Diese Thesis wurde weiters unter Zuhilfenahme von Lehrbüchern, Gesetzeskommentaren sowie anderer Literatur verfasst. Zur Verwendung kam auch aktuelle Judikatur und Gesetzestexte in der jeweils geltenden Fassung des Rechtsinformationssystems.

Unerwähnt möchte ich nicht lassen, dass ebenfalls Vorlesungsmaterialien des Universitätslehrganges Strafrecht, Wirtschaftsstrafrecht und Kriminologie in der Thesis Niederschlag fanden.

3 Niederlassungs- und Aufenthaltsgesetz – NAG

Das Niederlassungs- und Aufenthaltsgesetz regelt gemäß § 1 NAG die Erteilung, Versagung und Entziehung von Aufenthaltstiteln von Fremden, die sich länger als sechs Monate im Bundesgebiet aufhalten möchten sowie Dokumentationen des unionsrechtlichen Aufenthaltsrechts. Keine Anwendung findet das NAG gemäß § 1 Abs 2 Z 1 NAG bei Fremden, die nach asylrechtlichen Bestimmungen zum Aufenthalt berechtigt sind, mit der Ausnahme, dass das NAG-Regime eine Regelung hierfür vorsieht. Ausgenommen sind ebenfalls Inhaber von Lichtbildausweisen gemäß § 95 FPG, welche über Privilegien und Immunitäten verfügen. Dies sind insbesondere tätige Beamte bei internationalen Organisationen (wie die Vereinten Nationen oder Bedienstete an Botschaften und Konsulaten) sowie deren ihre Familienangehörige. Außerdem Fremde die gemäß § 24 FPG zur Ausübung einer bloß vorübergehenden Erwerbstätigkeit berechtigt sind.

3.1 Zuständigkeit und Anwendungsbereich

Die Zuständigkeit des NAG obliegt dem örtlichen Landeshauptmann in der mittelbaren Bundesverwaltung. Das Landesverwaltungsgericht erkennt in Niederlassungsrechtlichen Angelegenheiten gemäß Art 129 B-VG iVm Art 130 B-VG über die Rechtwidrigkeit von Entscheidungen. Bei Auslandsanträgen ist die örtlich befasste Berufsvertretungsbehörde zuständig.

3.2 Arten von Aufenthaltstiteln

Das Niederlassungs- und Aufenthaltstitelgesetz sieht eine Reihe von unterschiedlichen Aufenthaltstiteln vor. Diese unterscheiden sich nicht nur von der Art und Form, sondern auch teils von dem Verfahren selbst. So kann es durchaus vorkommen, dass Aufenthaltstitel die gleiche Titulierung sowie sonstigen Umfang (Gültigkeitsdauer, Arbeitsrecht usw.) aufweisen, jedoch aufgrund völlig unterschiedlicher Verfahren erteilt wurden. Als Beispiel, der Aufenthaltstitel Rot-Weiß-Rot Karte Plus kann für Familienangehörige, die Inhaber einer derartigen Bewilligung sind sowie ehemaligen Inhabern, die über eine Rot-Weiß-Rot Karte verfügten erteilt werden. Beide Aufenthaltstitel sind nach außen erkennbar gleich, lagen jedoch unterschiedlich komplexen Verfahren zu Grunde.

Nachfolgend werden Aufenthaltstitel gemäß § 8 NAG genannt, welche noch keinen Rückschluss auf das Verfahren selbst geben. Die einzelnen Verfahrensbestimmungen bzw. Erteilungsvoraussetzungen sind in der gesamten Materie verstreut. Diese Veranschaulichung ist deshalb notwendig, weil ansonsten nicht erkannt werden kann, aufgrund welcher Voraussetzungen das Aufenthaltsrecht durch eine strafrechtliche Bescholtenheit verändert werden kann. Hervorzuheben ist, dass die allgemeinen Erteilungsvoraussetzungen gemäß § 11 NAG bei jedem Aufenthaltstitel gegeben sein müssen. So darf ein Aufenthaltstitel gemäß § 11 Abs 2 NAG nicht erteilt werden, wenn der Aufenthalt des Fremden dem öffentlichen Interesse widerstreitet. Gegeben wäre dies, insbesondere wenn der Fremde wiederholt strafrechtlich relevante Handlungen setzt. Es gibt jedoch auch Aufenthaltstitel, bei denen der Gesetzgeber gezielt auf die Würdigung der allgemeinen Voraussetzungen gemäß § 11 NAG verzichtet hat. Sollte dies zutreffend sein, so wird dies in der Folge gekennzeichnet.

3.2.1 Rot-Weiß-Rot – Karte

(Gemäß § 8 Abs 1 Z 1 NAG)

Dieser Aufenthaltstitel wird im für die befristete Niederlassung und zur Ausübung einer selbständigen oder unselbständigen Erwerbstätigkeit, sofern eine schriftliche Mitteilung oder Gutachten des regional zuständigen AMS besteht erteilt. Dieser Aufenthaltstitel wird für Personengruppen erteilt, die für die jeweils angestrebten Aufenthaltstitel bereits einen Arbeitgeber benennen können und die erforderliche Punkteanzahl der nachfolgenden Aufenthaltstitel erreichen:

- besonders Hochqualifizierter gemäß § 12 AuslBG

- Fachkraft gemäß § 12a AuslBG

- Schlüsselkraft gemäß § 12b Z 1 AuslBG

- Studienabsolvent gemäß § 12b Z 2 AuslBG

Je nach Aufenthaltstitel sind ebenfalls auch kollektivvertragliche Bestimmungen einzuhalten. Das NAG-Verfahren für diesen Aufenthaltstitel ist wie bereits angemerkt wurde von einer schriftlichen Mitteilung bzw. einem Gutachten des zuständigen Arbeitsmarktservices abhängig, weshalb hier von einem zweigeteilten Verfahren gesprochen werden kann. Die NAG-Behörde übermittelt hierfür nach Antragseingabe diese zur Einholung schriftlichen Stellungnahme, nach dem Ausländerbeschäftigungsgesetz an die zuständige Landesgeschäftsstelle des Arbeitsmarktservices. Während der Gültigkeit des Aufenthaltstitels ist Tätigkeit bei einem anderen Dienstgeber unzulässig.

In dem Verfahren Studienabsolvent gemäß § 12b Z 2 AuslBG ist kein Punktesystem vorgesehen. Mit dieser Differenzierung ermöglicht der Gesetzgeber, dass Fremde nach mehrjährig legalen Aufenthalt das Land verlassen müssen obwohl diese einen potenziellen Arbeitgeber haben, jedoch aufgrund Ermangelung der jeweiligen Punkteberechnung keinen Aufenthaltstitel erhalten können. Die Konsequenz wäre dann, dass der Fremde unter Umständen gut qualifiziert in sein Herkunftsland zurückkehrt oder unter möglicherweise jahrelang unrechtmäßig im Bundesgebiet verbleibt. Im zweiten Fall wäre seine erworbene Integration unter Umständen für die Erlassung einer aufenthaltsbeendenden Maßnahme hinderlich (näheres dazu unter Kapitel 5.2).

3.2.2 Rot-Weiß-Rot - Karte Plus

(Gemäß § 8 Abs 1 Z 2 NAG)

Dieser Aufenthaltstitel kann in folgenden Fällen erteilt werden:

- Familienangehörige von Drittstaatsangehörigen gemäß § 46 Abs 1 NAG
  Dieser Titel wird gemäß § 46 NAG dann erteilt, wenn der Zusammenführende Inhaber einer der folgenden Bewilligungen ist:

- o Rot-Weiß-Rot Karte gemäß § 41 NAG

- o Rot-Weiß-Rot Karte plus gemäß § 41a Abs 1, 4 oder 7a NAG

- o Niederlassungsbewilligung gemäß § 43 Abs 1 NAG

- o Niederlassungsbewilligung einer Tätigkeit, in einer öffentlichen oder privaten Einrichtung, hinsichtlich einer wissenschaftlichen Tätigkeit in der Forschung Lehre oder in der Entwicklung und Erschließung der Künste sowie Lehre der Kunst gemäß § 1 Abs 2 Z i AuslBG

- o Daueraufenthalt EU gemäß § 45 NAG

- o Rot-Weiß-Rot Karte plus, ausgenommen einen solchen gemäß § 41a Abs 1, 4 oder 7a NAG

- o Asylberechtigten, deren Angehörigen kein Asylrecht gemäß § 3 Abs 2 AsylG 2005 abgeleitet werden kann

- o dem Drittstaatsangehörigen ein unionsrechtliches Aufenthaltsrecht zukommt und über eine Aufenthaltskarte bzw. Daueraufenthaltskarte verfügt

- Gemäß §41a Abs 1 NAG: Inhabern einer Rot-Weiß-Rot Karte, sofern sie diese zwei Jahre besessen haben und eine schriftliche Mitteilung gemäß § 20e Abs 1 Z 2 AuslBG vorliegt, welche bestätigt, dass innerhalb der letzten 24 Monate zumindest 21 Monate unter den maßgeblichen Voraussetzung des zuvor erteilten Titels eine Beschäftigung vorgelegen hat.

- Gemäß § 41a Abs 2 NAG: Inhabern von Blaue Karte EU, nach den gleichen Voraussetzungen wie Inhaber einer Rot-Weiß-Rot Karte.

- Gemäß § 41a Abs 3 NAG: Für ehemalige Inhaber ehemalige Inhaber einer Aufenthaltsberechtigung besonderer Schutz gemäß § 57 AsylG, sofern eine Mitteilung gemäß § 59 Abs 4 AsylG vorliegt.

12

- Gemäß § 41a Abs 4 NAG: Inhabern einer Niederlassungsbewilligung-Forscher gemäß § 43c NAG, sofern sie diese Bewilligung über zwei Jahren besessen haben.

- Gemäß § 41a Abs 5 NAG: Ehemaligen Inhaber des unbefristet erteilten Aufenthaltstitels Daueraufenthalt-EU, welcher Ihnen in einem Verfahren gemäß § 28 NAG aberkannt wurde.

- Gemäß § 41a Abs 6 NAG:
  Dieser Titel kann erteilt werden, wenn der zuvor inne gehabte Aufenthaltstitel aufgrund einer Inlandsabwesenheit bzw. Abwesenheit des EWR-Gebietes gemäß 20 Abs 4 oder 4a erloschen oder gemäß §10 Abs 3 Z 3 oder 4 gegenstandlos geworden ist.

- Gemäß § 41a Abs 7 NAG, sofern der Fremde über eine Niederlassungsbewilligung verfügt und eine schriftliche Mitteilung des regional zuständigen Arbeitsmarktservices eine fortgeschritten Integration festgestellt wurde und ein Aufenthalt von zumindest zwei Jahren gegeben ist. Andere Konstellationen gemäß § 15 Abs 1 AuslBG sind ebenfalls möglich.

- Gemäß § 41a 7a NAG, sofern der Fremde den Aufenthaltstitel Rot-Weiß-Rot-Karte über zwei Jahre verfügte und gemäß § 24 Abs 4 AuslBG eine schriftliche Mitteilung darüber vorliegt, dass er ein Unternehmen gegründet hat, in welchem er zumindest zwei Vollzeitarbeitskräfte beschäftigt, einen wesentlichen Einfluss auf die Geschäftsführung hat und einen Jahresumsatz von mind. EUR 200.000 vorweisen kann oder Investitionen von mind. EUR 100.000 erlangt werden konnten oder ein innovatives Produkt bzw. eine innovative Dienstleistung auch tatsächlich angeboten wird.

- Gemäß § 41a Abs 9 NAG:
  Dieser Titel ist einem Drittstaatsangehörigen zu erteilen, welchem durch das Bundesamt für Fremdenwesen und Asyl vorher eine Aufenthaltsberechtigung plus gemäß §§ 55 Abs 1 oder 56 Abs 1 AsylG oder eine Aufenthaltsberechtigung gemäß § 56 Abs 2 AsylG erteilt wurde. Ebenfalls ist der Nachweis über die Erfüllung des Modul I der Integrationsvereinbarung gemäß § 9 IntG zu erbringen.

Verfügte der Fremde wegen Ermangelung eines Nachweises gemäß § 9 IntG eine Niederlassungsbewilligung gemäß § 43 Abs 3 NAG so ist ihm ebenfalls dies Bewilligung auf Antrag zu erteilen.

Die Würdigung der allgemeinen Voraussetzungen gemäß § 11 NAG ist hier nicht relevant, da der Gesetzgeber gezielt darauf verzichtet hat. Dies ist dem Umstand geschuldet, weil der Fremde bereits ein sehr intensives Verfahren gemäß §§ 55 Abs 1, 56 Abs 1 oder 56 Abs 2 AsylG iVm Art 8 EMRK durchlaufen hat, in welchem die berücksichtigungswürdigenden Sachverhalte gegenüber allfälligen aufenthaltsbeendenden Interessen deutlich überwogen hat.

- Gemäß § 41a Abs 10 NAG:
  Einem unbegleiteten Minderjährigen kann dieser Titel zum Schutz des Kindeswohles erteilt werden. Hierfür muss der Fremde im Bundesgebiet aufhältig sein und sich nicht bloß vorübergehend durch einen Gerichtsbeschluss, kraft Gesetz oder durch eine Vereinbarung der leiblichen Eltern mit dem Jugendwohlfahrtsträger zum Schutz des Kindeswohls in Obhut von Pflegeltern bzw. des Jugendwohlfahrtsträger befinden.

  Die Würdigung der allgemeinen Voraussetzungen gemäß § 11 NAG ist hier nicht relevant, da der Gesetzgeber gezielt darauf verzichtet hat.

3.2.3 Blaue Karte EU

(Gemäß § 8 Abs 1 Z 3 NAG)

Dieser Aufenthaltstitel kann dann erteilt werden, wenn analog zu dem Verfahren einer Rot-Weiß-Rot-Karte das Arbeitsmarktservice festgestellt hat, dass gemäß § 12c AuslBG der Fremde den Abschluss eines Studiums an einer tertiären Bildungseinrichtung mit dreijähriger Mindestdauer verfügt sowie ein der Qualifikation entsprechendes Bruttojahresgehalt erhalten wird, welches dem Eineinhalbfachen des von der Bundesanstalt „Statistik Österreich" zuletzt veröffentlichten durchschnittlichen österreichischen Bruttojahresgehalts von Vollzeitbeschäftigten vorliegt.

3.2.4 Niederlassungsbewilligung

(Gemäß § 8 Abs 1 Z 4 NAG)

- Gemäß § 46 Abs 4 NAG:

  Einem Familienangehörigen ist eine Niederlassungsbewilligung zu erteilen, wenn ein Quotenplatz vorliegt sowie der Zusammenführende über eine Niederlassungsbewilligung, eine Niederlassungsbewilligung-Angehöriger oder eine NB-Sonderfälle unselbständiger Erwerbstätigkeit verfügt. Dies gilt nicht, wenn der Zusammenführende über die Niederlassungsbewilligung-Sonderfälle unselbständiger Erwerbstätigkeit verfügt, welche gemäß § 1 Abs 2 lit i AuslBG wegen einer wissenschaftlichen Tätigkeit in der Forschung und Lehre bzw. in der Erschließung der Künste sowie in der Lehre der Kunst verfügt.

- Gemäß § 43 Abs 1 NAG:

  Dem Fremden ist eine NB zu erteilen, wenn eine der Drittstaatsangehörige zuvor als selbständige Schlüsselkraft gemäß §§ 41 Abs 2 Z4 NAG iVm 24 Abs 1 AuslBG zugelassen war und diese Tätigkeit zwei Jahre ausgeübt wurde sowie weiterhin ausgeübt werden soll.

- Gemäß § 43 Abs 2 NAG:

  Eine NB kann erteilt werden, wenn der Drittstaatsangehörige auf Grund eines Rechtsaktes der Europäischen Union eine Niederlassungsfreiheit zukommt und eine selbständige Erwerbstätigkeit ausgeübt werden soll.

- Gemäß § 43 Abs 3 NAG:

  Verfügte der Drittstaatsangehörige seit 12 Monaten über eine der nachfolgend genannten Aufenthaltstitel, so ist eine Niederlassungsbewilligung zu erteilen:

  o Aufenthaltsberechtigung plus gemäß § 55 Abs 1 AsylG 2005,

  o Aufenthaltsberechtigung plus gemäß §56 Abs 1 AsylG 2005,

  o Aufenthaltsberechtigung gemäß § 55 Abs 2 AsylG 2005 oder

  o Aufenthaltsberechtigung gemäß § 56 Abs 2 AsylG 2005.

- Gemäß § 43 Abs 4 NAG:

  Liegt in einem Zweckänderungsverfahren, beim Wechsel von einer Rot-Weiß-Rot Karte auf eine Rot-Weiß-Rot Karte Plus gemäß § 41 Abs 1 oder 7a NAG die Voraussetzungen nicht vor so kann eine Niederlassungsbewilligung erteilt werden, wenn die Tätigkeit gemäß §§ 12 bis 12b oder 24 Abs 2 AuslBG in den letzten zwei Jahren ausgeübt wurde.

3.2.5 Niederlassungsbewilligung – ausgenommene Erwerbstätigkeit
(Gemäß § 8 Abs 1 Z 5 NAG)

Der Aufenthaltstitel kann gemäß § 44 Abs 1 NAG erteilt werden, wenn die Voraussetzungen des 1. Teils erfüllt sind sowie ein Quotenplatz vorhanden ist und feste und regelmäßige monatliche Einkünfte der Höhe nach dem Zweifachen der Richtsätze des § 293 ASVG entsprechen.

Weiters ist dieser Aufenthaltstitel gemäß § 44 Abs 2NAG zu erteilen, wenn ein Drittstaatsangehöriger im unmittelbaren Anschluss an den Aufenthalt als ehemaliger Träger von Privilegien und Immunitäten gemäß § 95 FPG die Voraussetzungen des 1. Teiles erfüllt sowie in den Ruhestand versetzt wurde.

3.2.6 Niederlassungsbewilligung – Angehöriger
(Gemäß § 8 Abs 1 Z 6 NAG)

Diese Titel ist gemäß § 47 Abs 3 NAG an Angehörige von Österreichern, EWR-Bürgern oder Schweizer Bürgern zu erteilen, wenn sie die Voraussetzungen Verwandte des genannten Zusammenführenden sind, oder des Ehegatten bzw. eingetragenen Partner in gerade aufsteigender Linie, sofern ihnen tatsächlich Unterhalt geleitet wird und nicht ihr unionsrechtliches Aufenthaltsrecht genutzt haben. Erfasst sind auch Lebenspartner, bei denen das Bestehen einer dauerhaften Beziehung im Herkunftsstaat nachweislich bestanden hat und ihnen tatsächlich Unterhalt gewährt wurde. Angehörige sind sonstige Angehörige, die bereits im Herkunftsstaat Unterhalt bezogen haben, die mit dem Zusammenführenden bereits im Herkunftsstaat in häuslicher Gemeinschaft gelebt haben oder bei schwerwiegenden gesundheitlichen Gründen die Pflege durch den Zusammenführenden zwingend erforderlich macht.

3.2.7 Daueraufenthalt - EU

(Gemäß § 8 Abs 1 Z 7 NAG)

Die Erteilung des Aufenthaltstitels Daueraufenthalt-EU verleiht einem Drittstaatsangehörigen einen umfangreichen Status. Dieser Titel stammt aus der Richtlinie RL 2003/109/EG welche sogenannten langfristig Aufhältigen Drittstaatsangehörigen im wesentlichen gleiche Rechte in jedem Mitgliedsstaat einräumen soll. Die Richtlinie gibt den jeweiligen Mitgliedstaaten ebenfalls vor, wann dieser Titel spätestens zu Erteilen oder unter welchen Voraussetzungen dieser zu versagen bzw. entziehen ist. Gemäß Artikel 11 der Richtlinie wird festgehalten, dass Inhaber dieser Bewilligung wie eigene Staatsangehörige zu behandeln sind, das betrifft insbesondere den Bezug von Sozialleistungen. Auch regelt die Richtlinie eine bedingte Mobilität gemäß Artikel 14 die innerhalb der Mitgliedstaaten für Inhaber dieses Titels einzuräumen ist.

Der nationale Gesetzgeber hat den Titel in das NAG wie folgt transformiert:

Einem Drittstaatsangehörigen ist gemäß § 45 Abs 1 NAG der Aufenthaltstitel Daueraufenthalt-EU zu erteilen, wenn dieser bereits fünf Jahre ununterbrochen tatsächlich niedergelassen war. Ebenfalls muss der erste Teil des NAG gegeben sein sowie das Modul II der Integrationsvereinbarung gemäß § 10 IntG erfüllt sein. Der Gesetzgeber regelt weiters gemäß § 45 Abs 2 NAG, dass auch anerkannten Flüchtlingen sowie subsidiär Schutzberechtigten diese Bewilligung eingeräumt werden muss. Ebenfalls finden sich einige komplexe Anrechnungsmöglichkeiten für die Fünfjahresfrist.

3.2.8 Familienangehöriger

(Gemäß § 8 Abs 1 Z 8 NAG)

Dieser Aufenthaltstitel ist Fremden zu erteilen, die Familienangehörige von Zusammenführenden sind. Zusammenführende im Sinne des NAG sind gemäß § 47 Abs 1 NAG Österreicher, EWR-Bürger oder Schweizer Bürger, die in Österreich dauern wohnhaft sind und nicht ihr unionsrechtliches Aufenthaltsrecht genutzt haben.

Hinsichtlich der Fragestellung, wann ein Zusammenführender sich auf sein in der Vergangenheit genutztes unionsrechtliches Aufenthaltsrecht beziehen kann hat sich der EuGH in einem Vorabentscheidungsverfahren beschäftigt. In dem Fall McCarthy gegen

Secretary of State for the Home Department stellte der EuGH fest, dass nach wörtlicher Interpretation der Richtlinie, RL 2004/38/EG darauf ankomme, ob der Zusammenführende sein aus der Richtline ableitbare Rechte genutzt hat.[1] Er könne sich nicht darauf berufen, wenn der Unionsbürger, noch nie von seinem Recht auf Freizügigkeit Gebrauch gemacht hat.[2] Der Vollständigkeit halber wird noch angemerkt, dass im genannten Fall die Zusammenführende mehrere Staatsangehörigkeiten von Mitgliedsstaaten besaß und nach ihrer Interpretation die Richtlinie anwendbar gewesen wäre um für ihren Drittstaatsangehörigen im Genuss der privilegierten Dokumentationen des unionsrechtlichen Aufenthaltes zu gelangen. Im Sinn der obigen Ausführungen verneinte der EuGH schließlich eine Anwendbarkeit.

3.2.9 Niederlassungsbewilligung – Künstler

(Gemäß § 8 Abs 1 Z 9 NAG)

Dieser Titel ist gemäß § 43a NAG zu erteilen, wenn der erste Teil des NAG erfüllt ist und der Fremde eine selbständige oder unselbständige Erwerbstätigkeit ausüben wird, und diese Tätigkeit überwiegend durch Aufgabe der künstlerischen Gestaltung bestimmt ist. Der Lebensunterhalt muss ausschließlich durch die künstlerische Tätigkeit bezogen werden.

3.2.10 NB – Sonderfälle unselbständiger Erwerbstätigkeit

(Gemäß § 8 Abs 1 Z 10 NAG)

Dieser Aufenthaltstitel kann gemäß § 43b NAG für Drittstaatsangehörige für die Ausübung einer unselbständigen Erwerbstätigkeit eines bestimmten Arbeitgebers erteilte werden, wenn die Voraussetzungen des ersten Teils erfüllen sowie eine Tätigkeit gemäß § 1 Abs 2 lit b, c d f g oder i AuslBG oder § 1 Z 1, 2, 4, 7, 8, 9 AuslBG oder die zuständige regionale Geschäftsstelle des AMS bei begründeten Zweifeln auf Anfrage der Behörde das Vorliegen einer Tätigkeit gemäß § 2 AuslBG festgestellt hat.

---

[1] EuGH 05. 05. 2011, C-434/09, RZ 57.
[2] EuGH 05. 05. 2011, C-434/09, RZ 57.

3.2.11 NB – Forscher

(Gemäß § 8 Abs 1 Z 11 NAG)

Dieser Aufenthaltstitel kann gemäß § 43c NAG Drittstaatsangehörigen erteilt werden, welche die allgemeinen Erteilungsvoraussetzung erfüllen, eine Tätigkeit ausüben, die vom sachlichen Geltungsbereich des AuslBG ausgenommen ist und über eine Aufnahmevereinbarung gemäß § 71 Abs. 1 NAG einer Forschungseinrichtung verfügen.

Eine Aufnahmevereinbarung gemäß § 71 Abs. 1 NAG liegt dann vor, wenn auf begründeten Antrag einer Forschungseinrichtung sowie unter Einhaltung von sonstigen bundes- oder landesgesetzlicher Bestimmungen der Betrieb durch den Bundesminister für Inneres zertifizier wird.

3.2.12 Aufenthaltsbewilligung

(Gemäß § 8 Abs 1 Z 11 NAG)

Diese Aufenthaltstitel finden sich im fünften Hauptstück des NAG. Dieser wird für Personengruppen erteilt, die gemäß §§ 2 Abs 3 iVm 8 Abs 1 12 NAG nicht in den Genuss eines zur Niederlassung berechtigten Aufenthaltstitel kommen sollen und damit bloß vorübergehend zum Aufenthalt berechtigt sein sollen. Diese Differenzierung ermöglicht diese Personengruppen eines längerfristigen Aufenthaltstitel gemäß § 20 Abs 1a NAG sowie den Wechsel zu einem unbefristeten Aufenthaltstitels auszuschließen. Zu dem im 5.Hauptstück, gemäß §§ 58 bis 69 NAG genannten Aufenthaltstiteln zählen Unternehmensintern transferierte Arbeitnehmer „ICT", Betriebsentsandte, Selbständige, Sonderfälle unselbständig Erwerbstätigkeit, Schüler, Student, Sozialdienstleistende sowie Familiengemeinschaft (das sind deren Familienangehörige).

3.3 Dokumentationen des unionsrechtlichen Aufenthaltsrechts

Bei diesem Dokument ist darauf hinzuweisen, dass sich dieses um eine deklarative Bewilligung handelt. Die einzelnen Dokumentationen des Unionsrechtlichen Aufenthaltes lauten gemäß § 9 NAG wie folgt.

Da es sich wie eingangs festgehalten nicht um konstitutive Bewilligungen handeln erwachsen aus diesen keine Rechte. Wird eine der nachfolgenden deklarativen Bestätigungen nicht fristgerecht beantragt so begeht der betroffene lediglich eine Verwaltungsübertretung im Sinne des § 77 Abs 1 Z 4 NAG. Bestätigungen dieser Art werden hauptsächlich für die Vorsprache bei anderen Behörden benötigt.

3.3.1 Anmeldebescheinigung

(Gemäß § 9 Abs 1 Z 1 NAG)

Einem EWR-Bürger ist auf Antrag einer Anmeldebescheinigung gemäß § 52 NAG iVm RL 2004/38/EG auszustellen. Hierbei haben diese bekanntzugeben, ob sie zum Zwecke der Erwerbstätigkeit als Arbeitnehmer oder Selbständige zuwandern. Ebenfalls ist ein Nachweis darüber zu erbringen, dass über ausreichende Existenzmittel und ein umfassender Krankenversicherungsschutz besteht ohne, dass während ihres Aufenthaltes Sozialhilfeleistungen oder die Ausgleichszulage in Anspruch genommen werden muss. Gleiches gilt für Personen, die zu Ausbildungszwecken gemäß § 51 Abs 3 NAG zuwandern. Angehörigen können gemäß § 52 NAG ebenfalls Anmeldebescheinigungen ausgestellt werden.

3.3.2 Aufenthaltskarte

(Gemäß § 9 Abs 1 Z 2 NAG)

Einem Drittstaatsangehörigen, welcher Angehörige eines EWR-Bürgers ist, ist gemäß § 54 Abs 1 NAG iVm RL 2004/38/EG auf Antrag eine Aufenthaltskarte auszustellen.

Dies gilt gemäß § 57 NAG auch für Angehörige von Österreichern, welche in der Vergangenheit ihr Recht auf Freizügigkeit in Anspruch genommen haben bzw. ein Grenzüberschreitender Bezug vorliegt.

3.3.3 Bescheinigung des Daueraufenthalts

(Gemäß § 9 Abs 2 Z 1 NAG)

EWR-Bürgern, welche bereits seit fünf Jahren rechtmäßig und ununterbrochen im Bundesgebiet aufhältig sind, kann gemäß §53a NAG eine Bescheinigung des Daueraufenthaltes erteilt werden.

Diese Bescheinigung kann auch beantragt werden, wenn eine Anmeldebescheinigung gänzlich nicht beantragt wurde.

3.3.4 Daueraufenthaltskarte

(Gemäß § 9 Abs 2 Z 2 NAG)

Ähnlich wie bei der Bescheinigung des Daueraufenthaltes für EWR-Bürgern kann Drittstaatsangehörigen gemäß § 54a NAG eine Daueraufenthaltskarte ausgestellt werden, sofern sie unterbrochen im Bundesgebiet aufhältig waren.

3.4 Erstantragsverfahren

Die zuständige Niederlassungsbehörde hat bei Erstantragsverfahren einen begehrten Aufenthaltstitel mittels Bescheid zu versagen, wenn die Allgemeinen Voraussetzungen für einen Aufenthaltstitel gemäß § 11 NAG nicht vorliegen. Im Falle dieser Versagung hat die Behörde den gesamten Sachverhalt, das Vorbringen sowie die darüber vorgenommenen Feststellungen samt einer allfälligen Gefährdungsprognose (siehe Kapitel 3.7) abzubilden. Eine obligatorische Gesamtabwägung muss in jedem Fall vorgenommen werden. Die bloße Zitierung von Rechtsätzen des VwGH bzw. VfGH genügt dieser Voraussetzung nicht.[34]

---

[3] *Wojslaw*, Die Verwirklichung eines Bleiberechts in Österreich gemäß Artikel 8 EMRK unter Berücksichtigung von ausgewählten Sachverhalten[1] (2019) 76.

[4] VwGH 19. 02. 2015, Ra 2014/21/0064.

3.4.1 (Ausländische) Verurteilungen

Auskunft über eine etwaige strafrechtliche Verurteilung erteilt der Fremde durch seinen Erstantrag selbst, in welchem er ein Leumundszeugnis aus seinem Herkunftsland bzw. Staat, in welchem er sich vor der Antragstellung befand erbringt. Dabei handelt es sich nicht um ein Erfordernis, welches dem Fremden durch die NAG-DV auferlegt wird, sondern einer Aufforderung des Ermittlungsverfahren der Niederlassungsbehörde gemäß § 45 Abs 2 AVG. Eine Zurückweisung im Sinne des § 13 Abs 3 AVG ist bei Nichtvorlage nicht vorgesehen. Die Auskunft über inländische Verurteilungen erhält die Niederlassungsbehörde gemäß § 37 Abs 1 NAG über Abfragen aus dem Strafregister. Ebenfalls erlangt die Niederlassungsbehörde allfällige Hinweise auf eine strafrechtliche Verurteilung durch Ausschreibungen im SIS II, dem Schengener Informationssystem.[5] Dieses dient vor allem für die Ausschreibung von Einreise- bzw. Aufenthaltsverboten (siehe Kapitel 5.3 sowie 5.5).[6]

Ob die Verurteilung nunmehr im NAG-Verfahren Berücksichtigung zu finden hat hängt von folgenden Umständen ab. Gemäß § 73 StGB sind ausländische Verurteilungen wie inländischen gleich zu beurteilen, sofern diese auch nach österreichischen Recht gerichtlich strafbar sind und in einem den Grundsätzen des Art 6 EMRK entsprechenden Verfahren ergangen sind. Zu diesen Grundsätzen zählt das sogenannt faires Verfahren.[7] Die Verfahrensgarantien konstituieren sich aus eine Reihe von Teilgarantien, die im Wesentlichen eine Waffengleichheit zwischen den Angeklagten und dem Ankläger zu ermöglichen.[8] Zu diesen Teilgarantien gehört aber auch das Recht auf Akteneinsicht, der Anspruch auf ein rechtliches Gehör sowie das Recht auf eine Begründung von Entscheidungen.[9] Die Rechtsprechung des Europäischen Gerichtshofs für Menschenrechte hat zusätzlich weitere Grundsätze gebildet, wie nemo tenetur – das Recht sich nicht selbst

---

[5] *Eberwein/Pfleger*, Fremdenrecht für Studium und Praxis³ (2014) 73.

[6] *Eberwein/Pfleger* 73.

[7] *Grabenwarter/Pabel*, Europäische Menschenrechtskonvention⁶ (2016) 507.

[8] *Grabenwarter/Pabel* 507.

[9] *Grabenwarter/Pabel* 507.

belasten bzw. nicht gegen sich selbst aussagen zu müssen.[10] Die Einhaltung der Grundsätze liegt jedenfalls nicht vor, wenn die Entscheidung im Ergebnis willkürlich oder nicht nachvollziehbar ist.[11] Ist der verurteilende Staat der EMRK beigetreten, so kann grundsätzlich davon ausgegangen werden, dass die Grundsätze des Art 6 EMRK eingehalten wurden.[12][13] Der VwGH unterstreicht in diesem Zusammenhang die Relevanz des Grundsatzes ne bis in idem, welches zwangsläufig auf gegenseitiges Vertrauen der Vertragsstaaten in ihren jeweiligen Strafjustizsystemen sowie deren geltendes Strafrecht akzeptiert.[14] Dies auch, wenn mit der Anwendung des nationalen Rechts eine andere Entscheidung getroffen hätte werden können.[15] Die Rechtsprechung der ordentlichen Gerichtsbarkeit berücksichtigt jedoch auch den Sonderfall, dass bei dem Hervorkommen von Hinweisen einer nicht korrekten Anwendung des Artikel 6 EMRK (in dem ausländischen Schuldspruch) auch eine Verurteilung negiert werden kann.[16] Daraus folgt, dass in diesen Fällen eine Beweislastumkehr entsteht, weil der Antragsteller offenkundig strafrechtlich in Erscheinung getreten ist. Behauptet dieser nun, dass er im Strafverfahren keine Fairness erfahren hat, so hat er dies vorzubringen und gegebenenfalls nachzuweisen (denkbar in diesem Zusammenhang z.B. mittels Aktenvermerken, Notizen, Tagebücher, Zeugen usw.). In der Bewertung hat das ganze Strafverfahren samt polizeilicher Einvernahmen sowie allfällige Rechtsmittelverfahren einzufließen.[17]

Dies hat auch in einem Niederlassungsverfahren Relevanz. Ergeben sich hierfür tatsächlich Hinweise so hat die Verwaltungsbehörde bzw. das Verwaltungsgericht im Sinne ihrer Ermittlungstätigkeit und folglich in der freien Beweiswürdigung darauf Rücksicht zu nehmen. Eine präzise Rechtsprechung hinsichtlich dieser Fragestellung der Verwaltungsgerichtsbarkeit findet sich (noch) nicht. Hinsichtlich der Zurückweisung von

---

[10] *Grabenwarter/Pabel* 507.

[11] *Grabenwarter/Pabel* 507.

[12] OGH 04. 11. 2016, 12 Os 77/16i.

[13] VwGH 23. 05. 2007, 2005/04/0196.

[14] VwGH 15. 07. 2015, Ro 2014/09/0064.

[15] VwGH 15. 07. 2015, Ro 2014/09/0064.

[16] OGH 02. 04. 2019, 11 Os 22/19y.

[17] EGMR 16. 12. 1992, 13071/87, Edwards/Vereinigtes Königreich, RZ 34.

Asylwerbern haben sich die Höchstgerichte bereits damit auseinandersetzen müssen ob in einzelnen EU-Mitgliedstaaten grundsätzliche systemische Mängel bestehen.[18] Der EGMR urteilte im Zusammenhang mit einer Asylzurückweisung in Verbindung mit einer Zuständigkeitsannahme von Griechenland, dass eine Konventionswidrigkeit vorliegt, wenn der Beschwerdeführer keine oder nur eine mangelhafte Rechtschutzmöglichkeiten vorfindet.[19] Der EGMR geht in dieser Entscheidung noch einen Schritt weiter und vertritt die Auffassung, dass die bestehenden Mängel im (Rechtschutz-)System in Griechenland den belgischen Behörden hätten bekannt sein müssen und daher eine Zuständigkeitsänderung im Vorhinein nicht in Betracht hätte ziehen dürfen.[20] Daraus folgt, dass auch ein EU-Mitgliedsstaat, welcher trotz ordnungsgemäßer Ratifizierung der EMRK aufgrund seiner mangelnden Rechtschutzinstrumente in seinen Verfahren als konventionswidrig klassifiziert werden kann. Die kursorische Betrachtung der Verurteilungen von Mitgliedsstaaten des Europarates lässt aus der Sicht des Autors dieser Thesis für sich allein trotzdem noch nicht zum Entschluss gelangen, dass eine ständige Konventionswidrigkeit vorliegt und die ausländische Verurteilung damit belanglos ist. Wie bereits angemerkt, kann bzw. muss ein solcher Umstand jedoch sehr wohl im Wege der freien Beweiswürdigung in das Verwaltungsverfahren einfließen.

Allgemein ist bei der Bewertung dieser Bestimmung weniger relevant, ob sich die gesetzlichen Tatbestände oder Qualifikationen im Vergleich zum österreichischem Strafrecht ähneln, sondern vielmehr der zugrunde liegende Sachverhalt im Inland zu einer Verurteilung geführt hätte.[21] War die begangene Tat zum Tatzeitpunkt nach der österreichischen Rechtslage noch nicht strafbar bzw. nicht mehr mit Strafe bedroht, so ist

---

[18] *Gachowetz/Schmidt/Simma*, Asyl- und Fremdenrecht im Rahmen der Zuständigkeit des BFA (2017) 58–76.

[19] EGMR 21. 01. 2011, 30696/09, MSS/Belgien und Griechenland, RZ 16.

[20] EGMR 21. 01. 2011, 30696/09, MSS/Belgien und Griechenland, RZ 16.

[21] VwGH 23. 05. 2007, 2005/04/0196.

diese nicht zu erfassen.[22] Für diese Bewertung ist unerheblich ob diese Verurteilung in einem Drittland oder einem EU-Mitgliedsstaat erfolgte.[23]

Eine Verurteilung aus dem Ausland ist unbeachtlich bzw. nicht mehr relevant, wenn sie nach österreichischem Recht bereits einer Tilgung zugänglich wäre.[24][25]

3.4.2 Erteilung im Zuge eines Erstantragsverfahrens

Beabsichtigt die Behörde das Verfahren zu Gunsten des Aufenthaltstitelwerbers zu entscheiden, so reicht ein bloßer Aktenvermerk über eine vorgenommene Prognoseentscheidung aus. Dies ist dem Umstand geschuldet, dass die Erteilung eines Aufenthaltstitels gemäß § 8 NAG von der üblichen Bescheidausfertigung gemäß § 58 AVG abweicht. Das bedeutet, dass der Aufenthaltstitelwerber über den positiven Ausgang zwar zu verständigen ist, jedoch nicht mittels Bescheid. Hierfür hat der Gesetzgeber einen Verordnungsvorbehalt erlassen, der dem Bundesminister für Inneres einräumt, das Aussehen und den Inhalt eines Aufenthaltstitels zu bestimmen. Damit ist die Behörde jedoch nicht von der bereits erwähnten nachvollziehbaren Dokumentation entbunden. Gelingt es der Behörde schließlich nicht, in einem konkreten Fall, einen nachvollziehbaren und somit überprüfbaren Verwaltungsakt zu erlassen so liegt ein schwerer Verfahrensfehler vor, der zur Aufhebung eines (angefochtenen) Bescheides führen muss.[26]

3.5 Verlängerungsverfahren

Tritt der Fremde innerhalb seines legal befristeten Aufenthaltsrecht strafrechtlich in Erscheinung so bleibt der Niederlassungsbehörde eine materielle Versagung verwehrt. Die Niederlassungsbehörde hat in ihrem Ermittlungsverfahren gemäß § 37 Abs 5 NAG die

---

[22] VwGH 26. 04. 2005, 2002/21/0073.

[23] VwGH 26. 04. 2005, 2002/21/0073.

[24] OGH 17. 02. 1994, 15Os189/93.

[25] VwGH 23. 05. 2007, 2005/04/0196.

[26] VwGH 20. 06. 1995, 94/13/0201.

Berechtigung auf rechtmäßige Daten des Bundes, der Länder sowie der Gemeinden zuzugreifen. Dies beinhaltet damit die geführten Daten des Strafregistergesetzes abzufragen sowie folglich auszuwerten. Ebenfalls sind Strafgerichte zur Übermittlung von Anklageerhebungen, rechtskräftige Verurteilungen unter Anschluss der Urteilsausfertigung, die Verhängung und Aufhebung der Untersuchungshaft gemäß § 37 Abs 3 NAG verpflichtet. Diese Verpflichtung erstreckt sich auch auf Strafvollzugsanstalten und gerichtliche Gefangenenhäuser, die den Antritt und das Ende einer Freiheitsstrafe von Fremden zu melden haben.

Der Gesetzgeber hat für solche Fälle vorgesehen, dass die Niederlassungsbehörde gemäß § 25 NAG das zuständige Bundesamt für Fremdenwesen und Asyl über den Sachverhalt in Kenntnis zu setzen hat. Erhält die Niederlassungsbehörde eine begründete Stellungahme, so hat sie dem Antragsteller diese zur Kenntnis zu bringen, in welche hervorgeht, warum die beabsichtigte Maßnahme unter Bedachtnahme auf den Schutz seines Privat- oder Familienlebens für zulässig erscheint. Diese Mitteilung ist mit dem Hinweis zu versehen, dass der Fremde binnen einer Frist von 14 Tagen eine Äußerung abgeben kann. Nach Ablauf der Frist hat die NAG-Behörde gegebenenfalls unter Anschluss der Stellungnahme das BFA zu verständigen. Die Niederlassungsbehörde hat dann das Maßnahmenverfahren abzuwarten. Diesfalls gilt das Verfahren gemäß § 8 VwGVG als gehemmt.

Wird diese Mitteilung nach Beendigung eines Niederlassungsverfahrens der Behörde übermittelt, so besteht für diese keine Möglichkeit in das Aufenthaltsrecht einzugreifen. Diesfalls kann Sie nur das Bundesamt für Fremdenwesen und Asyl hierüber verständigen und eine aufenthaltsbeendende Maßnahme anregen. Zu der Führung eines Verfahren gemäß § 25 NAG ist sie wegen Ermangelung eines aufrechten Verlängerungsverfahrens gemäß § 24 NAG nicht in der Lage. In diesem Fall eignet sich unter Umständen ein Zuwarten auf ein Verlängerungsverfahren, und folglich die Eröffnung eines Verfahrens gemäß § 25 NAG.

3.5.1 Versagungskompetenz

Der Niederlassungsbehörde kommt wie bereits ausgeführt, in Bezug auf das Hervorkommen einer strafrechtlichen Verurteilung keine Versagungskompetenz zu. Nur bei Wegfall der besonderen Erteilungsvoraussetzungen gemäß § 24 Abs 3 NAG steht der Niederlassungsbehörde eine unmittelbare Versagungskompetenz zu. Das sind vor allem Fälle bei denen die sogenannten besonderen Erteilungsvoraussetzung, wie sie für Aufenthaltstitel nach dem 5. Hauptstück vorgesehen sind weggefallen sind. Beantragt damit beispielsweise ein straffällig gewordener Fremder, welche Inhaber der Bewilligung Student gemäß § 64 NAG ist einen Verlängerungsantrag, ohne über einen Studienerfolg oder einer laufenden Inskriptionsbestätigung zu verfügen so ist der Antrag ohne weiteres gemäß § 25 Abs 3 NAG abzuweisen.

3.5.2 Bewilligungskompetenz

Ein Verfahren zur Aufenthaltsbeendigung obliegt dem BFA. Eine Bewilligungskompetenz steht der NAG-Behörde jedoch gemäß § 11 Abs 3 NAG iVm Art 8 EMRK in diesen Fällen immer zu. So hat die Behörde mithilfe des Kriterienkataloges welcher durch den Gesetzgeber im § 11 Abs 3 NAG implementiert wurde eine Interessensabwägung vorzunehmen. Auch hier gilt, dass der erhobene Sachverhalt sowie die rechtliche Beurteilung sich in einer nachvollziehbaren und überprüfbaren Dokumentation wiederzufinden müssen. Wurde bereits einmal ein Verfahren gemäß § 11 Abs 3 NAG stattgegeben so ist auch im Falle eines Verlängerungsantrages der Antrag, ohne konkreter materieller Prüfung abermals zu genehmigen, sofern sich maßgebliche Umstände nicht zu Ungunsten des Fremden verändern. Eine maßgebliche Veränderung zu Ungunsten des Fremden wäre beispielsweise eine (erneute) strafrechtliche Verurteilung oder ein sonstiges Fehlverhalten (siehe Kapitel 3.7) des Fremden, wie das Verletzten von sonstigen fremdenrechtlichen Vorschriften.

Gemäß § 11 Abs 3 NAG hat die Beurteilung des Privat- und Familienlebens im Sinne des Art. 8 EMRK sind insbesondere zu berücksichtigen:

1. *die Art und Dauer des bisherigen Aufenthalts und die Frage, ob der bisherige Aufenthalt des Drittstaatsangehörigen rechtswidrig war;*

2. *das tatsächliche Bestehen eines Familienlebens;*

3. *die Schutzwürdigkeit des Privatlebens;*

4. *der Grad der Integration;*

5. *die Bindungen zum Heimatstaat des Drittstaatsangehörigen;*

6. *die strafgerichtliche Unbescholtenheit;*

7. *Verstöße gegen die öffentliche Ordnung, insbesondere im Bereich des Asyl-, Fremdenpolizei- und Einwanderungsrechts;*

8. *die Frage, ob das Privat- und Familienleben des Drittstaatsangehörigen in einem Zeitpunkt entstand, in dem sich die Beteiligten ihres unsicheren Aufenthaltsstatus bewusst waren;*

9. *die Frage, ob die Dauer des bisherigen Aufenthaltes des Fremden in den Behörden zurechenbaren überlangen Verzögerungen begründet ist.*

Welchem Gewicht den jeweiligen Parametern samt ihrer Ausprägungen zuzumessen sind ergibt sich aus der Judikatur des VwGH, VfGH sowie EGMR. Da eine Abwägung im Sinne des § 11 Abs 3 NAG iVm Art 8 EMRK nicht Gegenstand dieser Masterthesis ist wird folglich nicht näher darauf eingegangen.

3.6 Rechtsverlust

Aufenthaltstitel nach dem NAG bzw. Dokumentationen des unionsrechtlichen Aufenthaltes können ungültig bzw. gegenstandslos werden, erlöschen oder untergehen. Welche der jeweiligen Folgen bzw. Verfahren für eine Bewilligung zur Anwendung kommt soll in diesem Kapitel kurz behandelt werden.

Angemerkt wird jedoch, dass die Ungültigkeit gemäß 10 Abs 1, 1a sowie 2 NAG, die Gegenstandslosigkeit gemäß § 10 Abs 3 NAG sowie das Erlöschen gemäß § 20 Abs 4 sowie 4a NAG mangels Relevanz nicht behandelt wird.

3.6.1 Entziehung – eines befristeten Aufenthaltstitels

Der Aufenthaltstitel eines Drittstaatsangehörigen kann gemäß § 28 Abs 2 NAG entzogen werden, wenn gegen diese eine rechtskräftig, vollstreckbare Rückführungsentscheidung eines anderen EWR-Mitgliedstaates vorliegt und eine akute Gefahr für die öffentliche Sicherheit und Ordnung oder nationale Sicherheit begründet wird. Bei dieser Rückführungsentscheidung handelt es sich in der Regel um ein Aufenthaltsverbot. Denkbar wäre hier aber auch ein Einreiseverbot im Sinne einer Rückkehrentscheidung (siehe Kapitel 5.2).

Für den Entzug ist ebenfalls notwendig, dass diese Maßnahme wegen einer strafrechtlichen Verurteilung erfolgt, welche mit mindestens einjähriger Freiheitsstrafe, einer vorsätzlicher Straftat bedroht sein muss. Gleiches gilt, wenn die Maßnahme ausgesprochen wurde, weil ein begründeter Verdacht darin bestand, dass der Drittstaatsangehörige die Tat begangen hat oder eine solche Tat selbst nur plante. Damit kann gegen den Fremden dieser Entzug auch dann ausgesprochen werden, wenn noch keine Verurteilung erfolgte. Zuletzt kann auch außerhalb einer strafrechtlichen Bestimmung der Aufenthaltstitel entzogen werden, wenn der Fremde gegen Einreise- oder Aufenthaltsbestimmungen verstoßen hat. Damit lässt sich insbesondere ein unrechtmäßiger Aufenthalt in einem MS sowie auch eine dortige unerlaubte Erwerbstätigkeit subsumieren.

Der Entzug ist nur innerhalb der Gültigkeitsdauer ex nunc möglich.[27] Ein Hinweis darauf, dass der Entzug ex tunc möglich ist findet sich im NAG nicht.[28] Für die zuständige Behörde bedeutet dies, dass ein derartiges Entzugsverfahren besonders schnell abgewickelt werden muss. Berücksichtigt man Parteienrechte, wie ein Parteiengehör gemäß § 37 AVG,

---

[27] VgW 04. 06. 2014, VGW-151/081/11845/2014.
[28] VgW 04. 06. 2014, VGW-151/081/11845/2014.

allfällige Beschwerdemöglichkeiten vor dem zuständigen Landesverwaltungsgericht so erscheint die Frist bis Ablauf der Bewilligung als äußerst knapp bemessen und damit nur in den wenigsten Fällen als möglich.[29] Diesbezüglich ist ebenfalls auf den Ablauf einer Rückführungsentscheidung zu verweisen. Endet diese bzw. liegt nicht mehr vor so hat nach wörtlicher Interpretation ein Entzugsverfahren im Sinne des § 28 Abs 2 NAG jedenfalls zu unterbleiben.

Sollte in einem derartigen Verfahren der Zusammenführende betroffen sein so ist der Familienangehöriger davon unberührt zu lassen. Dies ist deshalb der Fall, weil Familienangehörige über ein eigenes Niederlassungsrecht gemäß § 27 NAG verfügen. Im Verfahren hat eine Prüfung gemäß § 27 Abs 2 iVm Abs 3 Z 3 NAG zu erfolgen, ob eine besonders berücksichtigungswürdiger Sachverhalt vorliegt. Damit bezweckt der Gesetzgeber, dass Fremde nicht Opfer einer Sippenhaftungen werden.[30]

3.6.2 Rückstufungsverfahren – des Daueraufenthalt EU

Verfügt ein Drittstaatsangehöriger über das unbefristete Aufenthaltsrecht, Daueraufenthalt-EU so kann mangels eines laufenden Verlängerungsverfahrens gemäß § 24 NAG kein Verfahren gemäß § 25 NAG zur Anregung einer aufenthaltsbeendenden Maßnahme vorgenommen werden. Hierfür hat der unionsrechtliche Gesetzgeber in der Richtlinie, RL 2003/109/EG gemäß Art 9 Abs 3 sowie Abs 7 vorgesehen, dass Mitgliedsstaaten nur beschränkte Implementierungen wahrnehmen können. So können Drittstaatsangehörige die Rechtstellung eines langfristig Aufenthaltsberechtigten verlieren, wenn dies in Anbetracht der Schwere, der begangenen Straftaten für die Aufrechterhaltung der öffentlichen Ordnung gerechtfertigt ist. Wird diese Berechtigung schließlich entzogen, jedoch eine Rückführung nicht durchgeführt, so ist dem Fremden im Sinne der nationalen Rechtsvorschriften ein Bleiberecht zu gewähren.

---

[29] *Wojslaw* 35.

[30] *Schumacher/Peyrl/Neugschwendtner*, Fremdenrecht[4] (2012) 186.

Der einfachgesetzliche Gesetzgeber hat die erwähnte Richtlinie im NAG abgebildet. Gemäß § 28 Abs 1 NAG hat die NAG-Behörde einen allfälligen strafrechtlichen Sachverhalt dem Bundesamt für Fremdenwesen und Asyl zu melden. Teilt das Bundesamt für Fremdenwesen und Asyl mit, dass kein Verfahren auf Erlassung einer aufenthaltsbeendenden Maßnahme eingeleitet wird so hat die NAG-Behörde in einem weiteren Schritt zu prüfen, ob die objektiven Voraussetzungen gemäß § 52 Abs 5 FPG vorliegen. Bejahendenfalls hat die Behörde mit Bescheid auszusprechen, dass das unbefristete Niederlassungsrecht beendet ist und einen befristeten Aufenthaltstitel zu erteilen. Durch die ständige Rechtsprechung des VwGH ergibt sich noch die Notwendigkeit für die Durchführung eine Gefährdungsprognose (siehe hierfür 3.7).[31] So genügt es nicht auf den objektiven Umstand einer strafrechtlichen Bescholtenheit zu verweisen. Kommt in dem Verfahren hervor, dass die Gefährdungsprognose zu Gunsten den Fremden zu würdigen ist, so ist von einer Rückstufung abzusehen. Gleiches gilt bei lange zurückliegenden Verurteilungen. Bezogen auf den jeweiligen Einzelfall kann eine Verurteilung als minimales Vergehen angesehen werden, wenn diese bereit Jahre zurückliegt und keine neuerliche strafrechtlich relevante Handlung begangen wurde.

Strittig ist, ob nach Ausspruch über die Beendigung des unbefristeten Niederlassungsrechts der ex nunc beendet ist. Die wörtliche Interpretation dieser Bestimmung lässt jedenfalls darauf schließen, weil die Bestimmung selbst darüber aussagt, dass mit Bescheid das Ende des unbefristeten Niederlassungsrechts auszusprechen ist und der befristete Aufenthaltstitel von Amts wegen zu erteilen ist. Eine höchstgerichtliche Judikatur findet sich zu dieser Fragestellung derzeit nicht weshalb im Sinne der Ausführungen davon ausgegangen werden muss, dass zwischen der Beendigung mit Bescheid des unbefristeten Aufenthaltsrechts sowie der neuerlichen Erteilung eines befristeten Aufenthaltstitels eine Lücke des durchgehend legalen Aufenthaltes entsteht.

---

[31] VwGH 17. 12. 2009, 2008/22/0491.

3.6.3 Überprüfung des unionsrechtlichen Aufenthaltsrechts

Einem EWR-Bürger sowie deren Angehöriger, welcher aufgrund unionsrechtlicher Bestimmungen, insbesondere aufgrund der Freizügigkeitsrichtlinie zum Aufenthalt berechtigt ist wird im NAG sowie FPG besonders privilegiert behandelt. Das bedeutet, dass die üblichen Erteilungsvoraussetzungen, welche im NAG nominiert sind, nicht zur Anwendung kommen. Dies lässt sich bereits allein aufgrund der Herangehensweise über die Ausstellung einer deklarativen Bestätigungen anstatt eines konstitutiven Aufenthaltstitels erkennen. Das bedeutet im Wesentlichen, dass die Beantragung bzw. der Erhalt einer Dokumentation des unionsrechtlichen Aufenthaltes keine Rechte entfaltet. Jedoch ist zu erwähnen, dass gemäß § 77 Abs 4 NAG die nicht rechtzeitige Beantragung eine Verwaltungsübertretung darstellt.

Kommt es nunmehr dazu, dass der Fremde bereits bei Antragstellung oder während seines Aufenthaltes bzw. nach Ausstellung der Dokumentation strafrechtlich in Erscheinung tritt so hat die Niederlassungsbehörde dem Bundesamt für Fremdenwesen und Asyl diesen Sachverhalt gemäß § 55 Abs 3 NAG zur Kenntnis zu bringen. Gleiches gilt bei Betroffenen, die sich beharrlich weigern eine Dokumentation des unionsrechtlichen Aufenthaltes zu beantragen. Analog zu der Bestimmung gemäß § 25 NAG erhält der Fremde die Gelegenheit sich dazu zu äußern. In diesen Dokumentationsverfahren ist jedoch die anschließende Übermittlung an das Bundesamt für Fremdenwesen und Asyl obligatorisch.

Eine analoge Vorgehensweise im Sinne einer Bewilligung gemäß § 11 Abs 3 NAG wie sie in Verfahren gemäß § 24 NAG erfolgen kann ist unzulässig. Das Bundesamt für Fremdenwesen und Asyl leitet in weiterer Folge entweder ein Verfahren zur Erlassung einer aufenthaltsbeendenden Maßnahme ein oder übermittelt den Verwaltungsakt mit der Mitteilung über die Einstellung des do. Verfahrens. Diesfalls wäre die Niederlassungsbehörde gezwungen die Dokumentation des Unionsrechtlichen Aufenthaltes gemäß § 55 Abs 4 NAG auszustellen oder bei Wegfall der Eigenschaft als

Familienangehöriger, des Drittstaatsangehörigen den konstitutiven Aufenthaltstitel, Rot-Weiß-Rot Karte plus gemäß § 55 Abs 5 NAG zu erteilen.

Der durchgehende Aufenthalt eines EWR-Bürgers bzw. eines begünstigten Drittstaatsangehörigen wird durch Haftzeiten unterbrochen.[32] So kann sich der Betroffene nicht auf seinen (langjährig) geduldeten Aufenthalt in einer Justizvollzugsanstalt berufen um ein Daueraufenthaltsrecht gemäß §§ 53a sowie 54a NAG zu erhalten. Die neuerliche Berechnung erfolgt damit frühestens mit Haftende.

3.7 Prognoseentscheidung

Eine Prognoseentscheidung hat das Ziel eine Entscheidung ex ante basierend auf einen Sachverhalt welcher sich ex post in der Vergangenheit ereignet hat zu treffen. Relevant für Prognoseentscheidungen dieser Master Thesis ist verwaltungs- sowie strafrechtliches Fehlerhaften. Im Vordergrund steht jedoch nicht eine gerichtliche Verurteilung bzw. eine Bestrafung, sondern vielmehr der ermittelte Sachverhalt und der daraus anzunehmende Rückschluss auf ein zukünftigen Verhaltens des Betroffenen.[33] Es kommt daher auf den jeweiligen Einzelfall an, ob von einer Person eine schwerwiegende Gefahr für die öffentliche Ordnung oder Sicherheit besteht.[34]

3.7.1 Gefährdungsprognose aus fremdenrechtlicher Sicht

Ein Aufenthaltstitel darf einem Fremden nur dann erteilt werden, wenn der Aufenthalt gemäß § 11 Abs 2 Z 1 NAG nicht dem öffentlichen Interesse wiederstreitet. Damit ist diese Voraussetzung Teil der Allgemeinen Voraussetzungen gemäß §§ 11, 12 und 13 NAG. Der Aufenthalt wiederstreitet gemäß § 11 Abs 4 NAG dem öffentlichen Interesse, wenn durch den Aufenthalt die öffentliche Ordnung oder Sicherheit gefährdet werden würde oder ein

---

[32] EuGH 16. 01. 2014, C-378/12, RZ 33.

[33] BVwG 21. 02. 2017, L504 2015547-2.

[34] BVwG 21. 02. 2017, L504 2015547-2.

Naheverhältnis zu einer extremistischen oder terroristischen Gruppierung bzw. ein sonstiges Naheverhältnis oder Beteiligung zu diesen besteht.

Der Gesetzgeber zeigt mit den genannten Bestimmungen jedoch noch nicht genau, welche Intensität ein Sachverhalt haben muss, um die öffentliche Ordnung oder Sicherheit zu gefährden. Der Verwaltungsgerichtshof erkennt in seiner ständigen Rechtsprechung in Bezug auf die Beurteilung eines Sachverhaltes, dass bei der Prüfung ob die Annahme einer solchen Gefährdung besteht eine Prognoseentscheidung zu erfolgen hat.[35] Diese Prognoseentscheidung hat auf Grundlage des Fehlverhaltens eine individuelle Auseinandersetzung mit den jeweils vorhandenen Umständen zu erfolgen.[36] Der Verwaltungsgerichthof berücksichtigt in einer seiner Entscheidungen den Zeitraum, des Zurückliegens der Verurteilung sowie die Dauer und Art der Entlassung aus einer Haftanstalt.[37] Diese Prognoseentscheidung hat damit jegliche Umstände zu berücksichtigen, die den Fremden mit einer hoher bzw. geringen Wahrscheinlichkeit wieder in strafgerichtlicher Erscheinung treten lassen. So können auch Therapieprogramme, die Bindung zu Freunden sowie engen Verwandten eine maßgebliche Rolle für die Beurteilung haben.

Suchtmittelsachverhalte, in welchen ein Fremder während einer mehreren Monate langen Dauer mit Suchtgift bzw. (/und) in großen Mengen gewerbsmäßig handelte und damit die Schädigung der gesellschaftlichen Gesundheit in Kauf nahm ist von einem massiven öffentlichen Interesses an der Verhinderung von weiterem Suchtgiftmittelhandel gegeben.[38] Folglich überwiegt in derartigen Fällen die Erlassung einer aufenthaltsbeendenden Maßnahme trotz einer etwaigen starken Bindung zu Familienangehörigen im Bundesgebiet.[39] Die Tatsache, dass es sich bei der Verurteilung

---

[35] VwGH 14. 04. 2011, 2008/21/0257.
[36] VwGH 14. 04. 2011, 2008/21/0257.
[37] VwGH 17. 11. 2015, Ra 2015/22/0087.
[38] VwGH 23. 02. 2016, Ra 2015/01/0249.
[39] VwGH 23. 02. 2016, Ra 2015/01/0249.

um Kapitalverbrechen, wie Mord oder Totschlag handelt macht eine Prognosebeurteilung nicht unmöglich.[40] Auch in solchen Fällen ist auf die gegenwärtigen Umstände einzugehen, die zukünftig etwaige strafbare Handlungen zu befürchten lassen oder von diesen mit Wahrscheinlichkeit Abstand genommen werden kann.[41]

Der bloße Umstand, dass der Fremde als Freigänger gemäß § 126 StVG eingestuft wurde oder die Strafverbüßung mittels eines elektronisch überwachten Hausarrestes bewilligt wurde führt für sich alleine noch nicht zu einer maßgeblichen Minderung des strafbaren Verhaltens.[42] Sehr wohl können diese Sachverhalte jedoch im Sinne der freien Beweiswürdigung herangezogen werden.

Die Begründung einer Gefährlichkeit, welche durch eine psychiatrische Erkrankung hervorgerufen wurde, steht grundsätzlich nichts im Wege.[43] Kann aufgrund eines schlüssigen Gutachtens nachgewiesen werden, dass durch die Behandlung von Medikamenten von einer etwaigen Gefährlichkeit nicht mehr auszugehen ist, kann eine Prognoseentscheidung durchaus zu Gunsten des Fremden entschieden werden.[44]

Die Gefährlichkeit eines Fremden kann sich auch gegenüber einer direkten Person ergeben.[45] So kann der vorgenommene sexueller Missbrauch gegenüber einen Minderjährigen unmündigen durch einen Autoritätsinhaber gemäß § 212 StGB eine derartige persönliche Gefährdung darstellen.[46] Es ist daher auch bei der Erlassung einer aufenthaltsbeendenden Maßnahme darauf Rücksicht zu nehmen wie lange eine konkrete

---

[40] VwGH 17. 11. 2015, Ra 2015/22/0087.

[41] VwGH 17. 11. 2015, Ra 2015/22/0087.

[42] VwGH 26. 06. 2019, Ra 2019/21/0118.

[43] VwGH 15. 05. 2007, 2004/18/0254.

[44] VwGH 15. 05. 2007, 2004/18/0254.

[45] BVwG 21. 02. 2017, L504 2015547-2.

[46] BVwG 21. 02. 2017, L504 2015547-2.

Gefahr gegenüber das Opfer ausgeht.[47] Ungeachtet der Gefahr gegenüber des Opfers klassifiziert der VwGH Fälle von Kindesmisshandlungen als besonders schwerwiegende Verbrechen.[48] Da die Misshandlung von Unmündigen eine besonders verwerfliche strafbare Handlung gegen die Sittlichkeit darstellt ist ein massives öffentliches Interesse an der Verhinderung neuerlicher Handlungen gegeben.[49]

Gelingt es dem Fremden hier mit seiner Argumentation bzw. seinem begründetem Antragsvorbringen die Annahme einer Gefährdung der öffentlichen Ordnung oder Sicherheit zu verneinen, so hat die Behörde im Sinne ihrer freien Beweiswürdigung gemäß § 45 Abs 2 AVG auch die Möglichkeit eine Gefährdungsprognose zu Gunsten des Fremden zu treffen.

3.7.2 Berücksichtigung ohne Verurteilung

Um einen Sacherhalt im Sinne einer Prognoseentscheidung zu berücksichtigen muss der Fremde nicht zwangsläufig bereits durch ein Gericht abgeurteilt worden sein.[50] So können durchaus auch Anzeigen sowie Wahrnehmungen von Behörden, Gerichten oder Staatsanwälte zu der Annahme einer Gefährdung der öffentlichen Ordnung oder Sicherheit hervorrufen.[51] Gleiches gilt bei Sachverhalten, die durch ausländische Gerichte bzw. Polizeibehörden erhoben bzw. ermittelt wurden.

In früheren wissenschaftlichen Auseinandersetzungen wurde die Erlassung eines Bescheides, samt Berücksichtigung eines strafrechtlichen Sachverhaltes (ohne vorheriger Aburteilung) kritisch gesehen, man vermutete einen möglichen Verstoß gegen den Art 6 Abs 2 EMRK.[52] Dieser Befürchtung kann jedoch aus des Sicht des Autors dieser Mater

---

[47] BVwG 21. 02. 2017, L504 2015547-2.

[48] VwGH 10. 06. 1999, 99/01/0288.

[49] VwGH 23. 03. 2010, 2010/18/0041.

[50] VwGH 09. 09. 2013, 2012/22/0164.

[51] VwGH 16. 12. 2008, 2007/18/0443.

[52] *Abermann*, Niederlassung und Aufenthalt für die Praxis (2007) 119.

Thesis mittlerweile mit der Implementierung der Verwaltungsgerichtsbarkeit jedenfalls entgegengetreten werden, weil im verwaltungsgerichtlichem Verfahren die Garantien des Art 6 EMRK sichergestellt sind. Derartige Konstellationen lassen auch ein Aussetzen des Verwaltungsverfahrens gemäß § 38 AVG zu, gefährden dann aber unter Umständen die öffentliche Sicherheit und Ordnung, da die betroffene Person abermals strafrechtlich in Erscheinung treten könnte.

Ebenfalls können Sachverhalte Berücksichtigung finden, die nicht unmittelbar zu einer Verurteilung geführt haben, weil von der Verfolgung einer Straftat gemäß § 198 StPO durch die Staatsanwaltschaft zurückgetreten wurde. Mitteilung darüber erhält die Niederlassungsbehörde durch Eingaben des Fremden. Erhobene Daten der Sicherheitspolizei werden gemäß § 57 SPG im sogenannten Kriminalpolizeilichen Aktenindex verarbeitet. Die Niederlassungsbehörde hat keine unmittelbare Legitimation eine Abfrage aus dieser Informationssammlung zu tätigen. Das Bundesamt für Fremdenwesen und Asyl ist gemäß § 57 Abs 3 SPG dazu ermächtigt Abfragen in der genannten Informationssammlung zu tätigen und zu verarbeiten. Anlassbezogen wäre das BFA dazu legitimiert allfällig erhobene Strafsachverhalte der Niederlassungsbehörde zum Amtsgebrauch zu übermitteln.

3.7.3 Terrorismussachverhalte

Eine Mitgliedschaft bzw. Beteiligung einer terroristischen Gruppierung bedeutet nach ständiger Rechtsprechung des VwGH eine potenzielle Gefahr für die öffentliche Ruhe, Ordnung oder Sicherheit.[53] Für Organisationen bzw. Gruppierungen, zu welchen ein Naheverhältnis zum Terrorismus haben oder aus solchen entstanden sind muss ebenfalls von einer potentiellen terroristischen Gefahr ausgegangen werden.[54]

---

[53] VwGH 26. 05. 2009, 2005/01/0287.
[54] VwGH 26. 05. 2009, 2005/01/0287.

Der Gesetzgeber selbst hat diese Gerichtsentscheidungen zum Anlass genommen um terroristischen oder extremistischen Aktivitäten in Erteilungs- bzw. Maßnahmenverfahren besser zu berücksichtigen. Diese legistische Änderung wurde durch die Novelle des Fremdenrechtsänderungsgesetzes 2017 veranlasst.

4 Asylgesetz – AsylG

Das Asylgesetz in seiner gegenwärtigen Form umfasst aufgrund seiner zahlreichen Novellen wesentlich mehr wie die Transformation der völkerrechtlichen Verpflichtung der Genfer Flüchtlingskonvention. So finden sich in der Materie ebenfalls Aufenthaltstitel, die aufgrund der völkerrechtlichen Bindung sowie der verfassungsrechtlichen Einbettung der Europäischen Menschenrechtskonvention unabdingbar (geworden) sind.

Der Vollständigkeit halber ist noch zu erwähnen, dass sich auch Aufenthaltstitel in der Materie wiederfinden, welche durch die Richtlinie, RL 2011/36/EU in das nationale Recht umgesetzt wurden, um Opfern von Menschenhandel einen wirksamen Schutz zu geben.

4.1 Arten von Aufenthaltstitel nach dem AsylG

Die Materie spricht gemäß § 54 AsylG von Aufenthaltstiteln aus berücksichtigungswürdigenden Gründen. Diese werden in der Folge kurz wiedergegeben und erläutert.

4.1.1 Aufenthaltsberechtigung plus

(gemäß § 54 Abs 1 Z 2 AsylG)

Dieser Aufenthaltstitel kann gemäß § 55 Abs 1 AsylG von Amts wegen oder auf begründeten Antrag erteilt werden, wenn dies zur Aufrechterhaltung des Privat- und Familienlebens im Sinne des Art 8 EMRK geboten erscheint. Ebenfalls kann dieser Aufenthaltstitel gemäß § 56 AsylG erteilt werden, wenn der Fremde zum Zeitpunkt der

Antragstellung nachweislich seit fünf Jahren durchgängig im Bundesgebiet aufhältig ist und davon zumindest die Hälfte, jedenfalls aber drei Jahre rechtmäßig sein müssen. Für beide Aufenthaltstitel gilt, dass der Nachweis über die Erfüllung des Modul 1 der Integrationsvereinbarung gemäß § 9 IntG oder eine erlaubte, zumindest geringfügige Erwerbstätigkeit sowie Entlohnung zum Entscheidungszeitpunkt vorliegt.

4.1.2 Aufenthaltsberechtigung

(gemäß § 54 Abs 1 Z 1 AsylG)

Dieser Aufenthaltstitle wird den Fremden gemäß §§ 55 oder 56 AsylG, welchen der Nachweis über die Erfüllung der Integrationsvereinbarung des Modul 1 gemäß § 9 IntG oder der geringfügigen Erwerbstätigkeit samt Entlohnung nicht gelingt erteilt.

4.1.3 Aufenthaltsberechtigung besonderer Schutz

(gemäß § 54 Abs 1 Z 3 AsylG)

Die Bewilligung Aufenthaltsberechtigung besonderer Schutz gemäß § 57 AsylG kann Drittstaatsangehörigen von Amts wegen oder auf begründeten Antrag erteilt werden. Die Erteilungsvoraussetzungen sind für den jeweiligen Fall in der Gesetzesstelle formuliert. Gemäß § 57 Abs 1 Z 1 AsylG kann eine Erteilung erfolgen, wenn der Aufenthalt des Fremden gemäß § 64a Abs 1 Z 1 oder Z 3 FPG bereits seit mindestens einem Jahr geduldet ist und die Voraussetzungen hierfür noch vorliegen. Diesfalls wäre eine Gefahr für die öffentliche Allgemeinheit, Sicherheit der Republik Österreich oder eine Verurteilung durch ein inländisches Gericht wegen einer Verurteilung gemäß § 17 StGB hinderlich. Der Titel kann auch gemäß § 57 Abs 1 Z 2 AsylG erteilt werden, wenn dies zur Gewährleistung einer Strafverfolgung von gerichtlich strafbaren Handlungen oder zu Geltendmachung und Durchsetzung von zivilrechtlichen Ansprüchen im Zusammenhang mit solchen strafbaren Handlungen, insbesondere an Zeugen oder Opfer von Menschenhandel oder grenzüberschreitendem Prostitutionshandel notwendig erscheint. Der Titel ist schließlich auch dann zu erteilen, wenn gemäß § 57 Abs 1 Z 3 AsylG der Drittstaatsangehörige nicht rechtmäßig im Bundesgebiet aufhältig ist und Opfer von Gewalt wurde, eine einstweilige Verfügung nach §§ 382b oder 382e EO erlassen wurde oder erlassen hätte werden können.

Diesfalls hat der Fremde glaubhaft zu machen, dass die Erteilung der Bewilligung zum Schutz vor weiterer Gewalt erforderlich ist.

4.2 Zuständigkeit und Anwendungsbereich

Mit dem Vollzug dieser Materie ist der Bund gemäß Art 102 Abs 2 B-VG betraut. Für diesen hat der Gesetzgeber das Bundesamt für Fremdenwesen und Asyl eingerichtet. Das BFA übernimmt für das gesamte Bundesgebiet die Vollziehung gemäß § 3 Abs 1 BFA-VG. Das Bundesverwaltungsgericht entscheidet gemäß § 7 BFA-VG über die Beschwerden gegen Bescheide des Bundesamtes.

4.3 Bezug zum Strafrecht

Tatsächlich ist es bei den Aufenthaltstiteln Aufenthaltsberechtigung plus sowie Aufenthaltsberechtigung gemäß § 58 AsylG nicht relevant ob eine Verurteilung besteht. Dieser Umstand ist darauf zurückzuführen, weil in diesen Verfahren eine Interessensabwägung gemäß Art 8 EMRK zu erfolgen hat. Diese Prüfung umfasst gemäß § 9 Abs 2 BFA-VG auch die strafgerichtliche Unbescholtenheit sowie Verstöße gegen die öffentliche Ordnung. So kann die Behörde damit zum Ergebnis gelangen, dass an einem Verbleib in Österreich nur ein geringes Interesse, infolge von zahlreichen Verstößen bzw. Verurteilung(en) zukommt und damit der Antrag abzulehnen ist.

5   Fremdenpolizeigesetz – FPG

Diese Materie regelt gemäß § 1 FPG die Ausübung der Fremdenpolizei, die Erteilung von Einreisetiteln, die Zurückweisung, die Erlassung von aufenthaltsbeendenden Maßnahmen, die Abschiebung, die Duldung, die Vollstreckung von Rückführungsentscheidungen von EWR-Staaten und die Ausstellung von Dokumenten für Fremde. Dieses Kapitel wird sich in der Folge vorrangig mit der Erlassung von aufenthaltsbeendenden Maßnahmen befassen.

Das Fremdenpolizeigesetz beinhaltet in seinem 8. Hauptstück fremdenrechtliche Maßnahmen, die je nach Personengruppe sowie Schwere der begangenen Verstöße, die im Inland begangen wurden zu erlassen sind. Die genannten Maßnahmen verfolgen mit kleineren Unterschieden und Ausprägungen dieselbe Stoßrichtung, die öffentliche Ordnung und Sicherheit aufrechtzuerhalten. In den näher genannten Maßnahmen hat in jedem Fall eine gewichtige Interessensabwägung gemäß Art 8 EMRK zu erfolgen. Erweist sich die Erlassung einer aufenthaltsbeendenden Maßnahme als unzulässig so ist das Verfahren entweder einzustellen oder der (begehrte) Aufenthaltstitel zu erteilen.

Eine rechtskräftig oder durchsetzbar erlassene inländische aufenthaltsbeendende Maßnahme, gleich welche auch immer hat gemäß § 10 Abs 1 NAG ex lege die Ungültigkeit eines Aufenthaltstitels oder Dokumentation des unionsrechtlichen Aufenthaltes zur Folge.

5.1 Zuständigkeit

Für den Vollzug des Fremdenpolizeigesetztes ist gemäß Art 102 Abs 2 B-VG iVm § 3 BFA-VG der Bund mit seinem Bundesamt für Fremdenwesen und Asyl betraut. Gegen Entscheidungen des BFA erkennt das Bundesverwaltungsgericht wegen Rechtswidrigkeit.

5.2 Rückkehrentscheidung

Die Erlassung einer Rückkehrentscheidung ist ein umfangreiches Verwaltungsverfahren, in welchem gleichzeitig über die Zulässigkeit der Erlassung einer Abschiebung abgesprochen werden muss.[55] Sie findet keine Anwendung auf EWR-Bürger, Schweizer Bürger und begünstigte Drittstaatsangehörige. Für diese Personengruppe gilt bei Verfehlungen eine Ausweisung gemäß § 66 FPG (siehe Kapitel 5.4) oder ein Aufenthaltsverbot gemäß § 67 FPG (siehe Kapitel 5.5). Die Rückkehrentscheidung

---

[55] *Gachowetz/Schmidt/Simma* 268.

gründet sich aus der Umsetzung der Rückführungsrichtline.[56] Der Ausspruch über die Rückkehr muss nicht zwangsläufig das Herkunftsland sein, so kann dies ebenfalls ein Transitland sein, welches auf gemeinschaftliche oder bilaterale Rückkehrabkommen oder sonstige Vereinbarungen beruht.[57] Mit dieser Bestimmung können Rückführungen basierend auf der Dublin III-Verordnung, VO 343/2003/EU durchgeführt werden. Ebenfalls könnte dies ein sonstiges Drittland sein, in welches der Drittstaatsnagehöre zurückkehren möchte und dieses der Rückkehr zustimmt.[58] Dies könnte ein Drittland sein, in welchem der Drittstaatsangehörige aufgewachsen ist, jedoch dessen Staatsangehörigkeit nicht verfügt. Der Vollständigkeit halber ist darauf zu verweisen, dass die Erlassung einer Rückkehrentscheidung auch dann zu standhaft ist, wenn der Fremde über keine Staatsangehörigkeit verfügt.[59] Ob diese Maßnahme auch effektuiert werden kann hängt dann wiederum von anderen Umständen ab.

Die Erlassung einer Rückkehrentscheidung gegen begünstigte Drittstaatsangehörige sowie EU-, EWR-Bürger ist aufgrund des unionsrechtlichen Aufenthaltsrechtes gemäß § 52 Abs 2 FPG unzulässig. Für diese Personengruppe hat der (unionsrechtliche) Gesetzgeber die Ausweisung sowie das Aufenthaltsverbot vorgesehen (siehe Kapitel 5.4 sowie 5.5).

5.2.1 Verbindung mit einem Asylverfahren

Die Erlassung einer Rückkehrentscheidung ist gemäß §§ 52 Abs 2 FPG iVm 10 AsylG 2005 unter einem Bescheid dem Asylverfahren zu verbinden, wenn sich aufgrund der Bestimmungen des Asylverfahrens kein anderes Aufenthaltsrecht ergibt. Dies ist dann der Fall, wenn gemäß § 52 Abs 2 FPG der Antrag auf internationalen Schutz wegen Drittstaatsicherheit zurückgewiesen wird, der Antrag auf internationalen Schutz sowohl bezüglich Zuerkennung als auch der Zuerkennung des Status

---

[56] *Gachowetz/Schmidt/Simma* 268.

[57] *Gachowetz/Schmidt/Simma* 269.

[58] *Gachowetz/Schmidt/Simma* 269.

[59] VwGH 15. 06. 1988, 87/01/0351.

des subsidiär Schutzberechtigten abgewiesen wird, der Status des Asyl- oder subsidiär Schutzberechtigten aberkannt wird. Auf begünstigte Drittstaatsangehörige – das sind gemäß § 2 Abs 11 FPG Ehegatten sowie Eingetragene Partner, Verwandte und Verwandte deren Ehegatten sowie Eingetragenen Partner von EWR-Bürger, Schweizer oder Österreichern, die ihr unionsrechtliches Aufenthaltsrecht oder das ihnen auf Grund des Freizügigkeitsabkommens EG-Schweiz zukommende Aufenthaltsrecht in Anspruch genommen haben - ist dies nicht anzuwenden. So kann festgehalten werden, dass jedes Verfahren nach dem FPG zwangsläufig mit einer Prüfung gemäß Art 8 EMRK abzuschließen ist, wenn ein Aufenthaltsrecht versagt wird.

5.2.2 Erlassung gegen unrechtmäßig aufhältige Fremde

Eine Rückkehrentscheidung kann gemäß § 52 Abs 1 Z 1 FPG gegen Fremde erlassen werden, die sich nicht rechtmäßig im Bundesgebiet aufhalten. Gleiches gilt bei Fremden die sich gemäß § 52 Abs 1 Z 2 FPG nicht im Bundesgebiet rechtmäßig aufgehalten haben und das Rückkehrentscheidungsverfahren binnen sechs Wochen ab der Ausreise eingeleitet wurde. Der Gesetzgeber versucht mit dieser prozessualen Voraussetzung zur Erlassung der Maßnahme zu gewährleisten, dass der Fremde sich seinem Verfahren nicht entzieht indem er das Bundesgebiet verlässt.[60] Um zu verhindern, dass dies zeitlich unbeschränkt gilt ist als äußerste Schranke zwischen der Ausreise und der Einleitung des Verfahrens eine Frist von 6 Wochen festgesetzt worden.[61]

Fremde, die über einen Aufenthaltstitel oder eine sonstige Aufenthaltsberechtigung eines anderen Mitgliedstaates verfügen und nicht (mehr) rechtmäßig im Bundesgebiet aufhältig sind haben sich unverzüglich in das Hoheitsgebiet dieses Staates zu begeben. Kommt dieser seiner Ausreiseverpflichtung nicht nach bzw. ist seine Ausreise zur Wahrung der öffentlichen Ordnung oder Sicherheit notwendig so ist gemäß § 52 Abs 6 FPG eine Rückkehrentscheidung zu erlassen.

---

[60] *Gachowetz/Schmidt/Simma* 269.

[61] *Gachowetz/Schmidt/Simma* 269.

Von einer Aufenthaltsbeendigung kann gemäß § 52 Abs 7 FPG abgesehen werden, wenn die betroffene Person aufgrund eines Rücknahmeabkommens mit jenem Mitgliedstaat besteht, in den der Drittstaatsangehörige zurückgeschoben werden soll.

5.2.3 Erlassung gegen rechtmäßig aufhältige Fremde

Die Erlassung einer Rückkehrentscheidung ist gemäß § 52 Abs 4 FPG aus folgenden Gründen möglich:

- Gemäß § 52 Abs 4 Z 1 FPG

  Nach der Erteilung des Aufenthaltstitels bekanntwurde, dass ein Versagungsgrund gemäß § 60 AsylG 2005 oder § 11 Abs 1 und 2 NAG eingetreten ist oder bekannt wird, dass dies einer Erteilung des Aufenthaltstitels entgegengestanden wäre.

- Gemäß § 52 Abs 4 Z 1a FPG

  Nachdem eine rechtmäßige Einreise in das BG gemäß § 31 Abs 1 FPG, legitimiert durch einen Einreisetitel oder einer sichtvermerkfreien Einreiserechtes aufgrund einer völkerrechtlichen Vereinbarung überschritten wurde.

- Gemäß § 52 Abs 4 Z 2 FPG

  Der Fremde über den Aufenthaltstitel Rot-Weiß-Rot – Karte gemäß § 8 Abs 1 Z 1 NAG oder eine Rot-Weiß-Rot Karte Plus gemäß § 8 Abs 1 Z 2 NAG verfügt und im ersten Jahr seiner Niederlassung mehr als vier Monaten keiner erlaubten unselbständigen Erwerbstätigkeit nachgegangen ist.

- Gemäß § 52 Abs 4 Z 3 FPG

  Der Fremde über den Aufenthaltstitel Rot-Weiß-Rot – Karte gemäß § 8 Abs 1 Z 1 NAG oder eine Rot-Weiß-Rot Karte Plus gemäß § 8 Abs 1 Z 2 NAG verfügt und er länger als ein Jahr aber kürzer als fünf Jahre im Bundesgebiet niedergelassen ist und während der Dauer eines Jahres nahezu keiner Erwerbstätigkeit nachgegangen ist.

- Gemäß § 52 Abs 4 Z 4 FPG

  Der Fremde einen Verlängerungsantrag gemäß § 24 NAG eingebracht hat jedoch ein Versagungsgrund gemäß § 11 Abs 1 und 2 NAG besteht.

- Gemäß § 52 Abs 4 Z 5 FPG

  Der Fremde das Modul I der Integrationsvereinbarung gemäß § 9 IntG nicht innerhalb der Frist von zwei Jahren erfüllt hat.

Die NAG-Behörde muss gemäß § 52 Abs 4 FPG allfällige Tatsachen, die in einem Verlängerungsverfahren bekanntwerden dem zuständigen Bundesamt für Fremdenwesen und Asyl mitteilen. Das BFA hat dann die übermittelten Unterlagen zu sichten und nur auf Basis von den erhobenen Umständen, die der Fremde auch im Rahmen des NAG-Verfahrens vorgebracht hat, eine Entscheidung zu treffen.

Von der Erlassung einer Rückkehrentscheidung ist gemäß § 52 Abs 7 FPG abzusehen, wenn der Fremde in das Bundesgebiet eingereist ist und gemäß § 45 FPG unmittelbar in einen Mitgliedstaat zurückgeschoben werden kann. Gemäß § 45 Abs 1 FPG ist eine Zurückschiebung unter anderem dann möglich, wenn der Fremde nicht rechtmäßig in das Bundesgebiet einreist und binnen 14 Tagen in einen Mitgliedstaat zur Ausreise verholfen wird.

Gegen einen Inhaber des unbefristeten Aufenthaltstitels Daueraufenthalt-EU ist gemäß § 52 Abs 5 FPG eine Rückkehrentscheidung zu erlassen, wenn die gemäß § 53 Abs 3 FPG taxativ genannten Tatbestände objektiv gegeben sind und die Annahme rechtfertigen, dass ein weiterer Aufenthalt eine gegenwärtig, hinreichende schwere Gefahr für die Aufrechterhaltung der öffentlichen Ordnung und Sicherheit darstellt (Siehe 5.3).

Wurde bereits in einem Rückkehrentscheidungsverfahren die Unzulässigkeit einer Erlassung gemäß § 9 Abs 3 BFA-VG festgestellt, so ist das BFA gemäß § 52 Abs 11 FPG nicht daran gehindert eine neuerliche Abwägung gemäß § 9 Abs 1 BFA-VG vorzunehmen, sofern zwischenzeitlich ein Verhalten gesetzt wurde welches eine Rückkehrentscheidung rechtfertigt.

5.3 Einreiseverbot

Gemäß § 53 FPG kann das BFA mit Bescheid eine Rückkehrentscheidung mit Einreiseverbot erlassen. Das Einreiseverbot soll einen Fremden daran hindern (erneut) in das Hoheitsgebiet der Mitgliedstaaten einzureisen bzw. aufzuhalten. Die Beschränkung eines Einreiseverbotes auf bestimmte Mitgliedsstaaten aus persönlichen Interessen, wie Familienangehörige, die in einem anderen MS leben und folglich dort zu besuchen ist mangels entsprechender Rechtsgrundlage nicht möglich.[62] Das Bundesamt ist nicht verpflichtet eine Rückkehrentscheidung mit Einreiseverbot zu erlassen.[63] Die Erlassung eines Einreiseverbotes ohne Rückkehrentscheidung ist jedoch nicht zulässig.[64]

5.3.1 Unionsrechtliche Vorgabe

Die Rückführungsrichtlinie 2008/115/EG definiert gemäß Art 11 Abs 2 keine konkrete Mindestdauer für die Erlassung eines Einreiseverbotes. Sie definiert lediglich, dass die Dauer von fünf Jahren nicht überschritten werden darf. Nur in Ausnahmefällen und bei besonders schwerwiegenden Gefahren für die öffentliche Ordnung, die öffentliche Sicherheit oder die nationale Sicherheit können längerfristiger Einreiseverbote erlassen werden. Die Dauer dieser Beschränkung hängt damit von der Schwere des Verstoßes bzw. der Verhaltensnormen sowie den jeweiligen Umständen ab.[65] Die Festsetzung der Einreiseverbotsdauer kann nicht pauschal auf bestimmte Sachverhalte abgestellt werden, vielmehr ist auf das jeweilige Fehlverhalten des Fremden sowie die persönliche Bindung

---

[62] VwGH 03. 09. 2015, Ra 2015/21/0054.
[63] *Gachowetz/Schmidt/Simma* 311.
[64] *Gachowetz/Schmidt/Simma* 312.
[65] *Gachowetz/Schmidt/Simma* 313.

zum Bundesgebiet des Fremden gegenüber abzuwiegen.[66] So ist es auch durchaus möglich ein unterschreiten der jeweiligen Einreiseverbotsdauer festzulegen.[67] Ein bloßes abstellen auf die objektive Erlassungsvoraussetzung legitimiert für sich alleine nicht die Ausschöpfung der Höchstfrist.[68]

5.3.2 Nationale Umsetzung

Der Nationale Gesetzgeber hat die genannte Rückführungsrichtlinie im FPG umgesetzt. Dafür hat er bestimmte nationale Verwaltungsübertretungs- sowie Strafrechtssachverhalte hervorgehoben, die aus seiner Sicht die öffentliche Ordnung und Sicherheit gefährden und damit fremdenrechtlich relevant sind. Mit dieser Implementierung wird bewerkstelligt, dass bei der objektiven Erfüllung ein Rückkehrentscheidungsverfahren einzuleiten ist. Die Grundlage für die Rückkehrentscheidungsdauer bildet das jeweilige Fehlverhalten. Die Würdigung eines Fehlverhaltens unter einer längeren Einreiseverbotsdauer erscheint nicht zuletzt wegen des Verstoßes der Legaldefinition als nicht zulässig. Im Mittelpunkt der Einreiseverbotsdauer steht die völker- sowie verfassungsrechtliche Bindung des Art 8 EMRK, welches zum Ziel hat, das Privat- und Familienleben zu schützen. Bei besonders eklatanten Verfehlungen oder kumulativen Zusammentreffen von mehreren Fehlverhaltenssachverhalten kann die Frist für die Erlassung des Einreiseverbotes auch komplett ausgeschöpft werden.[69]

Das Bundesverwaltungsgericht hat in seinem Beschwerdeverfahren die Möglichkeit die Dauer des vom BFA festgesetzten Einreiseverbotes hinaufzusetzen.[70] Dies ist deshalb möglich, weil das Verschlechterungsgebot, reformatio in peius nach dem VwGVG nicht gilt.[71]

---

[66] *Gachowetz/Schmidt/Simma* 313.
[67] *Gachowetz/Schmidt/Simma* 313.
[68] VwGH 30. 06. 2015, Ra 2015/21/0002.
[69] VwGH 04. 08. 2016, Ra 2016/21/0207.
[70] *Gachowetz/Schmidt/Simma* 316.
[71] VwGH 30. 06. 2015, Ra 2015/21/0002.

5.3.3 Bezug zu früheren Fassungen des Einreiseverbotes

Die Frist des Einreiseverbotes beginnt gemäß § 53 Abs 4 FPG mit Ablauf des Tages der Ausreise aus dem Bundesgebiet. Reist der Fremde folglich nicht aus dem Bundesgebiet aus so bleibt die Frist grundsätzlich bestehen. In früheren Fassungen des FPG, vor der Umsetzung der genannten Richtlinie mit BGBl. I Nr. 38/2011 war dem nicht so. Diese Gegebenheit hatte (damals) zur Folge, dass trotz erlassener aufenthaltsbeendenden Maßnahme keine Aufenthaltsbeendigung erfolgte, da oft aus taktischen Gründen Berufungs- bzw. Beschwerderechte genutzt wurden und kurz vor Ablauf zurückgezogen wurden. Dieser Zustand verursachte, dass die seinerzeit erlassene aufenthaltsbeendende Maßnahme abgelaufen und der Aufenthalt damit massiv in die Länge gezogen worden war.

5.3.4 Einreiseverbot für höchstens fünf Jahre

Die Erlassung eines Einreiseverbotes von bis zu fünf Jahren ist gemäß § 53 Abs 2 FPG in den nachfolgend taxativ angeführten Fällen zulässig, wenn der Fremde ein Verhalten gesetzt hat welches der öffentlichen Ordnung oder Sicherheit zuwiderläuft.

In der Gesetzesstelle sind folgende Sachverhalte aufgezählt:

- Gemäß § 53 Abs 2 Z 1 FPG
  Der Fremde aufgrund einer der folgenden Verwaltungsübertretungen rechtskräftig bestraft wurde:
  Die Verletzung einer Geschwindigkeitsübertretung gemäß § 20 Abs 2 StVO. Der Fremde aufgrund einer Geschwindigkeitsübertretung im Straßenverkehr, im Ortsgebiet von mehr als 40 km/h oder außerhalb des Ortsgebietes von mehr 50 km/h überschritten hat und dadurch gemäß § 26 Abs 3 FSG dadurch sein Führerschein entzogen wurde. Ebenfalls zu berücksichtigen ist, wenn der Fremde gemäß § 99 Abs 1, 1a, 1b oder 2 StVO von den genannten Strafbestimmungen der Straßenverkehrsordnung abgestraft wurde. Der Fremde gemäß § 37 Abs 3 oder 4 FSG ein Fahrzeug lenkt, ohne für dieses über einen Führerschein zu verfügen. Der Drittstaatsangehörige gemäß § 366 Abs 1 Z 1 GewO ein Gewerbe ausübt, ohne dafür eine notwendige Gewerbeberechtigung zu verfügen. Der Fremde ein Verhalten gemäß §§ 81 oder 82 SPG gesetzt hat, welches geeignet ist die

öffentliche Ordnung und Sicherheit zu stören bzw. ein berechtigtes Ärgernis zu erregen. Ebenfalls ist in die Bewertung einzufließen, wenn der Fremde an einer Versammlung teilgenommen hat, obwohl er gemäß § 9 Versammlungsgesetz 1953 bestraft wurde, weil er bewusst Gesichtszüge durch Kleidung oder andere Gegenstände verhüllt hat. Gleiches gilt gemäß § 14 iVm 19 Versammlungsgesetz 1953, wenn eine Versammlung als aufgelöst erklärt wurde jedoch der Versammlungsort nicht verlassen wurde. Im Übrigen ist eine Bestrafung wegen einer sonstigen Übertretung des Grenzkontrollgesetzes, des Meldegesetzes, des Gefahrengutbeförderungsgesetzes oder des Ausländerbeschäftigungsgesetzes zu berücksichtigen.

- Gemäß § 53 Abs 2 Z 2 FPG
  Der Fremde wegen einer Verwaltungsübertretung mit einer Gelstrafe von mindestens EUR 1.000,00 oder einer primären Freiheitsstrafe rechtskräftig bestraft wurde.

- Gemäß § 53 Abs 2 Z 3 FPG
  Der Drittstaatsnagehörige wegen einer Übertretung des Fremdenpolizeigesetzes oder des Niederlassungs- und Aufenthaltsgesetzes rechtskräftig bestraft wurde.

- Gemäß § 53 Abs 2 Z 4 FPG
  Der Fremde in Zusammenhang mit Finanzvergehen oder wegen vorsätzlich begangener Zuwiderhandlungen gegen devisenrechtliche Vorschriften verletzt hat und wegen diesen rechtskräftig bestraft wurde.

- Gemäß § 53 Abs 2 Z 5 FPG
  Der Fremde sich im Sinne des Prostitutionsgesetzes betätigt hat und entgegen einer dieser Vorschriften rechtskräftig bestraft wurde.

- Gemäß § 53 Abs 2 Z 6 FPG
  Der Fremde den notwendigen Nachweis über die Herkunft seiner Geldmittel nicht belegen kann.

- Gemäß § 53 Abs 2 Z 7 FPG

  Der Fremde eine Beschäftigung ausübt, die er nach dem AuslBG nicht ausüben hätte dürfen.

- Gemäß § 53 Abs 2 Z 8 FPG

  Eine Ehe oder eingetragene Partnerschaft nur zum Zwecke des Erhalts eines Aufenthaltstitels, der Dokumentation des unionrechtlichen Aufenthaltes oder zur Verleihung der österreichischen Staatsbürgerschaft, obwohl ein gemeinsames Privat und Familienleben im Sinne des Art 8 EMRK nicht geführt wurde.

- Gemäß § 53 Abs 2 Z 9 FPG

  Darauf hingewirkt wurde, dass an Kindes statt nur angenommen wurde zum Zwecke des Erhalts eines Aufenthaltstitels, der Dokumentation des unionrechtlichen Aufenthaltes oder zur Verleihung der österreichischen Staatsbürgerschaft oder das zuständige Gericht über die wahren Verhältnisse zu den Wahleltern getäuscht wurde.

5.3.5 Einreiseverbot für höchstens zehn Jahre

Die Erlassung eines Einreiseverbotes von höchstens zehn Jahren ist gemäß § 53 Abs 3 FPG in folgenden Fällen möglich:

- Gemäß § 53 Abs 3 Z 1 FPG

  Der Drittstaatsangehörige von einem Gericht zu einer unbedingten Freiheitsstrafe von mindestens drei Monaten, zu einer bedingten oder teilbedingten nachgesehenen Freiheitsstrafe von mindestens sechs Monaten oder mindestens einmal wegen der gleichen schädlichen Neigung beruhenden strafbaren Handlung rechtskräftig verurteilt worden ist.

- Gemäß § 53 Abs 3 Z 2 FPG

  Der Drittstaatsangehörige innerhalb von drei Monaten nach der Einreise wegen einer Vorsatztat rechtskräftig verurteilt wurde.

- Gemäß § 53 Abs 3 Z 3 FPG

  Der Drittstaatsangehörige wegen Zuhälterei rechtskräftig verurteilt worden ist.

- Gemäß § 53 Abs 3 Z 4 FPG

  Der Drittstaatsangehörige wegen einer Wiederholungstat oder einer gerichtlich strafbaren Handlung im Sinne des FPG oder des NAG rechtskräftig bestraft oder verurteilt worden ist.

5.3.6 Unbefristetes Einreiseverbot

In folgenden äußerst schwerwiegenden Fällen ist die Erlassung eines Einreiseverbotes mit unbefristeter Gültigkeitsdauer möglich:

- Gemäß § 53 Abs 3 Z 5 FPG

  Der Fremde von einem Gericht zu einer unbedingten Freiheitsstrafe von mindestens fünf Jahren rechtskräftig verurteilt wurde.

- Gemäß § 53 Abs 3 Z 6 FPG

  Bei dem Fremden aufgrund bestimmter Tatsachen die Annahme rechtfertigt, dass dieser einer kriminellen Organisation im Sinne des § 278a StGB oder einer terroristischen Vereinigung gemäß § 278b StGB angehört oder angehört hat. Berücksichtigung findet ebenfalls die Begehung einer terroristischen Straftat gemäß § 278c StGB, der Terrorismus gemäß §278d StGB finanziert wird bzw. wurde. Umfasst sind gemäß § 278e StGB außerdem die Ausbildung einer Person zu terroristischen Zwecken oder sich in diesem Zusammenhang selbst ausbilden lässt. Die Anleitung einer Person zur Begehung einer terroristischen Straftat gemäß § 278e StGB ist ebenfalls umfasst.

- Gemäß § 53 Abs 3 Z 7 FPG

  Der Fremde bestimmte Handlungen setzt bzw. aufgrund seines Verhalten durch die öffentliche Beteiligung an Gewalttätigkeiten, durch den öffentlichen Aufruf zur Gewalt oder durch hetzerische Aufforderungen oder Aufreizungen und dadurch die nationale Sicherheit gefährdet wird.

- Gemäß § 53 Abs 3 Z 8 FPG

  Der Drittstaatsnagehörde öffentlich an der Versammlungen teilnimmt oder durch Verbreitungen von Schriften ein Verbrechen gegen den Frieden, einem Kriegsverbrechen, einem Verbrechen gegen die Menschlichkeit oder zu terroristischen Taten von vergleichbarem Gewicht billigt oder dafür wirbt.

- Gemäß § 53 Abs 3 Z 9 FPG

  Bei dem Drittstaatsangehörigen ein Naheverhältnis zu einer extremistischen oder terroristischen Gruppierung nachgewiesen werden kann bzw. aufgrund der gegenwärtigen Entwicklungen in deren Umfeld extremistische oder terroristische Aktivitäten derselben nicht ausgeschlossen werden können. Davon umfasst sind ebenfalls sind Drittstaatsangehörige, die mittels Wort, Bild oder Schrift andere Personen oder Organisationen von Wertvorstellungen gegen europäische demokratische Staaten und seiner Gesellschaft gerichteten Einstellungen zu überzeugen versuchen oder versucht haben oder diese gutheißen haben.

Zu Abs 1, Abs 2 und Abs 5 wird angemerkt, dass nach wörtlicher Interpretation des Gesetzeswortlautes sich erkennen lässt, dass es dem Gesetzgeber nicht (nur) darauf angekommen ist Verurteilungen aus dem Inland zu erfassen. Daher haben in den vorliegenden Fällen auch Verurteilungen eines anderen Mitgliedsstaates oder eines Drittland Berücksichtigung zu finden. In diesem Zusammenhang ist auszuführen, dass die Berücksichtigung von ausländischen Verurteilungen bereits in älteren Fassungen des Fremdenpolizeigesetzes Berücksichtigung fand.[72] Im Übrigen wird auf das Kapitel 0 verwiesen.

5.4 Ausweisung

Ein EWR-Bürger, Schweizer Bürger und ein begünstigten Drittstaatsangehöriger kann gemäß § 66 FPG aus dem Bundesgebiet ausgewiesen werden. Bei der Erlassung ist gemäß § 66 Abs 2 FPG insbesondere die Dauer des Aufenthaltes im BG, sein Alter, sein Gesundheitszustand, seine familiäre und wirtschaftliche Lage, seine soziale und kulturelle

---

[72] VwGH 26. 01. 2010, 2008/22/0890.

Integration im BG sowie das Ausmaß der Bindung zum Herkunftsstaat zu berücksichtigen. Damit räumt diese Bestimmung lex specialis eine Ermessensentscheidung ein.[73] Diese ist dann anhand einer Interessensabwägung gemäß § 9 Abs 1 BFA-VG iVm Art 8 EMRK zu ergänzen, da zwangsläufig auch in einem solchen Verfahren in das Privat und Familienlebens im Sinne des Art 8 EMRK eingegriffen wird.

5.4.1 Wegfall der unionsrechtlichen Voraussetzungen

(gemäß § 55 Abs. 3 NAG)

Einem EWR-Bürger sowie deren Angehörigen kommt das Aufenthaltsrecht gemäß §§ 51, 52, 53 sowie 54 NAG solange die dort genannten Voraussetzungen erfüllt sind (siehe Kapitel 0). Fallen diese Voraussetzungen während des Aufenthaltes weg, so hat das Bundesamt für Fremdenwesen und Asyl sich gemäß § 66 Abs 1 FPG mit einer allfälligen Aufenthaltsbeendigung zu befassen. Ebenfalls umfasst die Gesetzesstelle auch die Möglichkeit davon abzusehen. So ist die Erlassung in Fällen, in denen der Betroffene zur Arbeitssuche eingereist ist, weiterhin Arbeit sucht und nachweisen kann, dass begründete Aussicht eingestellt zu werden besteht die Erlassung unverhältnismäßig. Die Erlassung der Ausweisung ist diesfalls nur zulässig, wenn der weitere Aufenthalt eine schwerwiegende Gefahr für die öffentliche Ordnung oder Sicherheit besteht.

Da der unionsrechtlichen Gesetzgeber nur bei zwingenden Gründen der öffentlichen Sicherheit die Erlassung einer aufenthaltsbeendenden Maßnahme gegen EU, EWR-Bürger sowie deren Familienangehörige als standhaft ansieht und dies nicht näher erläuterte hat sich der EuGH in der Rechtssache Tsakouridis damit näher befasst.[74]

Der EuGH betont, dass eine Würdigung ob eine schwerwiegende Gefahr für die öffentliche Ordnung oder Sicherheit vom jeweiligen Mitgliedsstaat im jeweiligen Einzelfall getroffen werden muss.[75] Das bedeutet, dass die Lösung einer derartigen Rechtsfrage nicht pauschal

---

[73] VwGH 13. 04. 2010, 2008/18/0324.

[74] EuGH 23. 11. 2010, C-145/09, RZ 21.

[75] EuGH 23. 11. 2010, C-145/09, RZ 57.

innerhalb eines Vorabentscheidungsverfahrens gemäß Art 267 AEUV gelöst werden kann. Dem erkennenden Gerichtshof lagen strafrechtliche Entscheidungen wegen bandenmäßigen Handels mit Betäubungsmitteln des Fremden zugrunde. Eine Subsumierung des Sachverhaltes, welcher bandenmäßiges Handeln mit Betäubungsmitteln umfasst ist aus der Sicht des EuGH von der unionsrechtlichen Begrifflichkeit, der schwerwiegende Gefahr für die öffentliche Ordnung oder Sicherheit vorbehaltlich der individuellen Entscheidung des nationalen Gerichtes erfassbar.[76]

5.4.2 Erlassung gegen Inhaber eines Daueraufenthaltsrechts

Verfügt ein EWR-Bürger, Schweizer Bürger oder begünstigter Drittstaatsangehöriger bereits über ein Daueraufenthaltsrecht gemäß §§ 53a oder 54a NAG so ist die Erlassung gemäß § 66 Abs 1 FPG aufgrund Ermangelung der Voraussetzungen gemäß §§ 51, 52, 53 sowie 54 NAG nicht möglich. Die Erlassung der Ausweisung ist nur dann zulässig, wenn der weitere Aufenthalt eine schwerwiegende Gefahr für die öffentliche Ordnung oder Sicherheit darstellt.

5.4.3 Erlassung, bei einem zehnjährigen Aufenthalt

Die Erlassung einer Ausweisung gegen einen EWR-Bürger, Schweizer Bürger oder begünstigten Drittstaatsangehörigen ist gemäß § 66 Abs 3 FPG bei einem Aufenthalt von zehn Jahren ausschließlich nur dann zulässig, wenn von dem persönlichen Verhalten des Fremden davon auszugehen ist, dass die öffentliche Sicherheit der Republik Österreich durch den weiteren Verbleib nachhaltig und maßgeblich gefährdet werden würde. Gleiches gilt für Minderjährige, es sei denn eine Ausweisung stünde dem Wohl des Kindes gemäß dem Übereinkommen der Vereinten Nationen vom 20. November 1989 entgegen.

---

[76] EuGH 23. 11. 2010, C-145/09, RZ 57.

5.5 Aufenthaltsverbot

Die Erlassung eines Aufenthaltsverbotes kann unabhängig von der Erlassung einer Ausweisung verhängt werden. Diese soll den EWR-Bürger, Schweizer Bürger oder begünstigten Drittstaatsangehörigen nachhaltig daran hindern erneut in das Bundesgebiet einzureisen. Die Erlassung ist nur dann gerechtfertigt, wenn von dem Fremden durch sein persönliches Verhalten die öffentliche Ordnung oder Sicherheit gefährdet ist. Das persönliche Verhalten muss eine tatsächliche, gegenwärtig und erhebliche Gefahr darstellen, die ein Grundinteresse der Gesellschaft maßgeblich berühren. Eine strafrechtliche Verurteilung allein kann nicht ohne weiters eine derartige Maßnahme begründen vielmehr ist eine von einer Generalprävention verweisenden Begründung Abstand zu nehmen und eine auf den Einzelfall bezogen Beurteilung vorzunehmen. Die Dauer des Aufenthaltsverbotes kann gemäß § 67 Abs 2 FPG höchstens für zehn Jahre erlassen werden.

5.5.1 Erlassung, bei einem zehnjährigen Aufenthalt

Die Erlassung eines Aufenthaltsverbotes ist bei einem zehnjährigen Aufenthalt gemäß § 67 Abs 1 FPG analog zu der Erlassung einer Ausweisung gemäß §66 Abs 3 FPG nur dann zulässig, wenn von dem persönlichen Verhalten des Fremden davon auszugehen ist, dass die öffentliche Sicherheit der Republik Österreich durch den weiteren Verbleib nachhaltig und maßgeblich gefährdet werden würde. Gleiches gilt für Minderjährige, es sei denn eine Ausweisung stünde dem Wohl des Kindes gemäß dem Übereinkommen der Vereinten Nationen vom 20. November 1989 entgegen.

5.5.2 Erlassung eines unbefristeten Aufenthaltsverbotes

Die Erlassung eines unbefristeten Aufenthaltsverbotes ist den nachfolgend genannten Fällen möglich:

- Gemäß § 67 Abs 3 Z 1 FPG
  Der Fremde von einem Gericht zu einer unbedingten Freiheitsstrafe von mindestens fünf Jahren rechtskräftig verurteilt wurde.

- Gemäß § 67 Abs 3 Z 2 FPG

  Bei dem Fremden aufgrund bestimmter Tatsachen die Annahme gerechtfertigt ist, dass dieser einer kriminellen Organisation im Sinne des § 278a StGB oder einer terroristischen Vereinigung gemäß § 278b StGB angehört oder angehört hat. Berücksichtigung findet ebenfalls die Begehung einer terroristischen Straftat gemäß § 278c StGB, der Terrorismus gemäß §278d StGB finanziert wird bzw. wurde. Umfasst sind gemäß § 278e StGB außerdem die Ausbildung einer Person zu terroristischen Zwecken oder sich in diesem Zusammenhang selbst ausbilden lässt. Die Anleitung einer Person zur Begehung einer terroristischen Straftat gemäß § 278e StGB ist ebenfalls umfasst.

- Gemäß § 67 Abs 3 Z 3 FPG

  Der Fremde bestimmte Handlungen setzt bzw. aufgrund seines Verhalten durch die öffentliche Beteiligung an Gewalttätigkeiten, durch den öffentlichen Aufruf zur Gewalt oder durch hetzerische Aufforderungen oder Aufreizungen und dadurch die nationale Sicherheit gefährdet wird.

- Gemäß § 67 Abs 3 Z 4 FPG

  Der Fremde öffentlich an der Versammlungen teilnimmt oder durch Verbreitungen von Schriften ein Verbrechen gegen den Frieden, einem Kriegsverbrechen, einem Verbrechen gegen die Menschlichkeit oder zu terroristischen Taten von vergleichbarem Gewicht billigt oder dafür wirbt.

6 Conclusio

Die Master-Thesis zeigt auf unter welchen Voraussetzungen ein im Niederlassungs- und Aufenthaltsgesetz genannter Aufenthaltstitel bzw. eine Dokumentation des unionsrechtlichen Aufenthaltsrechtes wegen einer strafrechtlichen Verurteilung verlustig werden kann. Ebenfalls war das Asylgesetz aufzugreifen, weil es auch selbst (humanitäre) Aufenthaltstitel beinhaltet. Da der Gesetzgeber ein maßgebliches Interesse daran hat, dass die öffentliche Sicherheit und Ordnung aufrechterhalten wird waren auch aufenthaltsbeendende Maßnahmenverfahren zu erfassen und diese zu analysieren.

6.1 Aufenthaltsbeendenden Maßnahme nach dem NAG-Verfahren

Die aufgezeigten Verquickungen sowie Abhängigkeiten des NAG, des AsylG sowie des FPG zeigen ein äußerst komplexes und aufeinander abgestimmtes System. So beinhaltet dieses fremdenrechtliche System klare Abgrenzungen wann die Niederlassungsbehörde, in mittelbarer Bundesverwaltung und die Maßnahmenbehörde, in ihrer unmittelbaren Bundesverwaltung tätig wird. Es ist nachvollziehbar, dass das BFA selbständig ein Maßnahmenverfahren samt allfälliger Erteilung eines Aufenthaltstitels führt. Gegenüberstellend, ist dann erst nach intensiverer Auseinandersetzung nachvollziehbar, weshalb einer Niederlassungsbehörde im Verlängerungsverfahren eine Versagungskompetenz fehlt. Sie kann diesfalls eine Aufenthaltsbeendigung beim BFA lediglich anregen. Im Sinne einer Nachkontrolle bzw. zweiten Würdigung des angeregten Maßnahmensachverhaltes lässt sich auch diese Vorgehensweise bejahen und als gut bewerten.

Nicht nachvollziehbar ist jedoch, wenn die Versagung eines Aufenthaltstitels nach dem AsylG zu einem (automatischen) Ausspruch einer aufenthaltsbeendenden Maßnahme führt, während dies bei einem Erstantragsverfahren nach dem NAG, bei Versagung nicht erfolgt. Dieser Zustand verursacht, dass ein Bleiberechtswerber unter Umständen mehrere Jahre sich im Bundesgebiet aufhalten kann, ehe dieser einer fremdenrechtlichen Maßnahme zugeführt wird. Dies lässt sich damit begründen, dass im Niederlassungsverfahren ein äußerst komplexes und umfangreiches Verfahren abzuwickeln ist. Kommt man in diesem Verfahren zu einer Versagung so besteht nachfolgend selbstverständlich eine Beschwerdemöglichkeit. Im Anschluss an dieses Verfahren wird bei einem

Inlandsaufenthalt das BFA konsultiert. Auch im fremdenrechtlichen Maßnahmenverfahren bestehen Beschwerdemöglichkeiten bis hin zu den Höchstgerichten.

Bei künftigen legistischen Überlegungen sollte die Implementierung einer niederlassungsrechtlichen Maßnahme angedacht werden. Dies erscheint insbesondere bei einer Versagung eines Erstantragsverfahrens gemäß § 21 Abs 3 NAG als vertretbar. Die Erlassung dieser Maßnahme bei Verlängerungsverfahren gemäß § 24 NAG scheidet aufgrund der überschneiden Kompetenz des BFA sowie der fehelenden Versagungskompetenz jedenfalls aus. In Verlängerungsverfahren, bei denen eine Versagung gemäß § 25 Abs 3 NAG zulässig ist erscheint eine Implementierung dieser Maßnahme ebenfalls nicht als realistisch. Dies deshalb, weil eine Würdigung des Vorbringens gemäß Art 8 EMRK durchaus auch zum Erfolg führen kann, jedoch ein entsprechender Aufenthaltstitel im NAG nicht verfügbar ist.

6.2 Wechsel auf Daueraufenthalt-EU bei Vorstrafen

Kritisch muss auch die Zweckänderungsantragstellung in Verbindung mit einem unbefristeten Aufenthaltstitel gesehen werden. Die Thesis hat im Kapitel 3.2.7 aufgezeigt welche Rechtstellung sich mit der Erteilung des Daueraufenthalt-EU ergeben. Im Kapitel 3.6.2 skizziert die Thesis ein Aufenthaltstitelentzugsverfahren für den Daueraufenthalt-EU. Dieses Entzugsverfahren tituliert das NAG als Rückstufungsverfahren. Auch dieses Verfahren zeigt eine Einbindung des BFA, welches sich zunächst mit der Frage einer etwaigen Aufenthaltsbeendigung befassen muss. Wird die Voraussetzung hierfür verneint so erlässt die Niederlassungsbehörde gegebenenfalls einen Bescheid, in welchem sie das unbefristete Aufenthaltsrecht beendet und dafür ein befristetes einräumt. Nicht nachvollziehbar ist weshalb im Zweckänderungsverfahren (mit rechtmäßigen, befristeten Titel nach dem NAG) bei Bestehen von (diversen) Verurteilung(en) eine Erteilung ohne weiters zulässig ist. Hier hätte der Gesetzgeber Vorkehrungen treffen können, um befristet aufhältige Drittstaatsangehörige von der Erteilung dieses Aufenthaltstitels auszuschließen.

VERZEICHNISSE

Literatur

Abermann, Julia, Niederlassung und Aufenthalt für die Praxis. Systematische Darstellung, kritische Analyse, zahlreiche Lösungsvorschläge (2007)

Eberwein, Helgo/Pfleger, Eva-Caroline, Fremdenrecht für Studium und Praxis[3], Orac-Rechtsskripten Öffentliches Recht (2014), LexisNexis-Verl., Wien

Gachowetz, Iris/Schmidt, Caroline/Simma, Barbara, Asyl- und Fremdenrecht im Rahmen der Zuständigkeit des BFA. Handbuch (2017)

Grabenwarter, Christoph/Pabel, Katharina, Europäische Menschenrechtskonvention. Ein Studienbuch[6] (2016), Verlag C.H. Beck; Helbing Lichtenhahn Verlag; Manz'sche Verlags- und Universitätsbuchhandlung, München, Basel, Wien

Schumacher, Sebastian/Peyrl, Johannes/Neugschwendtner, Thomas, Fremdenrecht. Asyl, Ausländerbeschäftigung, Einbürgerung, Einwanderung, Verwaltungsverfahren[4], Ratgeber (2012), ÖGB-Verl., Wien

Wojslaw, Oscar, Die Verwirklichung eines Bleiberechts in Österreich gemäß Artikel 8 EMRK unter Berücksichtigung von ausgewählten Sachverhalten[1] (2019), GRIN Verlag, München

Entscheidungen

BVwG L504 2015547-2

EGMR 13071/87, Edwards/Vereinigtes Königreich

EGMR 30696/09, MSS/Belgien und Griechenland

EuGH C-145/09

EuGH C-434/09

EuGH C-378/12

OGH 15Os189/93

OGH 12 Os 77/16i

OGH 11 Os 22/19y

VgW VGW-151/081/11845/2014

VwGH 87/01/0351

VwGH 94/13/0201

VwGH 99/01/0288

VwGH 2002/21/0073

VwGH 2004/18/0254

VwGH 2005/04/0196

VwGH 2007/18/0443

VwGH 2005/01/0287

VwGH 2008/22/0491

VwGH 2008/22/0890

VwGH 2010/18/0041

VwGH 2008/18/0324

VwGH 2008/21/0257

VwGH 2012/22/0164.

VwGH Ra 2014/21/0064

VwGH Ra 2015/21/0002

VwGH Ro 2014/09/0064

VwGH Ra 2015/21/0054

VwGH Ra 2015/22/0087

VwGH Ra 2015/01/0249

VwGH Ra 2016/21/0207

VwGH Ra 2019/21/0118

Ingram Content Group UK Ltd.
Milton Keynes UK
UKHW011936090323
418309UK00004B/391